Fritz Fleiner

Obligatorische Zivilehe und katholische Kirche

Fritz Fleiner

Obligatorische Zivilehe und katholische Kirche

ISBN/EAN: 9783743663480

Hergestellt in Europa, USA, Kanada, Australien, Japan

Cover: Foto ©Lupo / pixelio.de

Weitere Bücher finden Sie auf **www.hansebooks.com**

Obligatorische Civilehe

und

katholische Kirche.

Eine kirchenrechtliche Abhandlung

von

Fritz Fleiner.

Gekrönte Preisschrift.

Leipzig.
Verlag von H. Haessel.
1891.

Vorwort.

Die vorliegende Schrift wurde im Jahre 1889 von der juristischen Fakultät der Friedrich Wilhelms-Universität zu Berlin mit dem Königlichen Preis gekrönt. Das Thema, wie es von der genannten Fakultät gestellt wurde, lautete: „Die rechtliche Stellung der katholischen Kirche zur obligatorischen Civilehe."

Ich habe die Arbeit seither einer nochmaligen Durchsicht unterworfen, wobei ich manches in der Form änderte. Inhaltlich ist — abgesehen von wenigen Zusätzen — die Schrift dieselbe geblieben.

Aarau (Schweiz) Ende 1890.

Dr. Fritz Fleiner.

Die Kirche hat die Sorge für die Ehe, die Verbindung von Mann und Weib zu ungeteilter Lebensgemeinschaft, sich stets angelegen sein lassen. Diese Thatsache erklärt sich aus allgemein geschichtlichen Gründen. Im Mittelalter nämlich beschränkte sich die Thätigkeit der Kirche nicht blofs auf die Pflege derjenigen Angelegenheiten, welche wir heute als rein kirchlich-religiöse bezeichnen. Die Kirche zog in den Bereich ihrer Wirksamkeit aufserordentlich grofse Gebiete des öffentlichen Lebens, welche jetzt der Staat als in seinem ausschliefslichen Machtkreise liegend betrachtet, m. a. W. die Kirche war Staat und Kirche zugleich und nahm sittliche und öffentliche Interessen in umfassendster Weise wahr. Und so gelangte sie auch schliefslich dazu, ein Eherecht aufzustellen.[1]

Das kirchliche Eherecht des Mittelalters unterscheidet sich aber dadurch vom römischen Eherecht, dafs es sittliche, religiöse und rechtliche Forderungen in Ein einheitliches Recht zusammenschmilzt, während das röm. Eherecht die sittlichen Forderungen der Ehe nicht zu rechtlich notwendigen machte.[2]

---

[1] Friedberg, Geschichte der Civilehe (in Virchow & Holtzendorffs Sammlung gemeinverständlicher wissenschaftlicher Vorträge, 2. Auflage, Heft 116) S. 5.

[2] Hinschius, Kommentar zum deutschen Civilstandsgesetz (Berlin 1876). Einleitung S. 1.

Gneist, Die bürgerliche Eheschliefsung (2 Berichte für die obligatorische Civilehe erstattet dem 8. deutschen Juristentag) S. 5 und 6.

Die religiöse Seite der Ehe fand im Eherecht der Kirche ihre stärkste Betonung in dem Satze, dafs Christus die Ehe zum Sakrament erhoben habe.

Allein keineswegs nahm die Kirche das Recht für sich in Anspruch, nur die mit ihrer Mitwirkung abgeschlossenen Ehen als allein gültige zu betrachten. Ihre Ansicht geht dahin, dafs die Ehen durch die blofse Willenseinigung der Brautleute zustande kommen.[1]

Die Vorschriften, welche die Kirche bis zum trident. Konzil über Eheschliefsungsform erläfst, haben keineswegs den Sinn, dafs ihre Nichtbeobachtung Nichtigkeit der Ehe bewirke, es sind blofse Eheverbote, gegen deren Verletzung Strafsatzungen bestehen.

Beim Akte der Eheschliefsung wurde die Kirche nur dann thätig, wenn die durch Willenseinigung der Brautleute geschlossene Ehe durch den Priester den Segen der Kirche erhielt, welcher aber auf das Bestehen der Ehe ohne jeden Einflufs war.[2]

Gerade die Möglichkeit, die Ehen gültig ohne Beobachtung einer Form schliefsen zu können, barg aber die gröfsten Gefahren in sich, welche nicht nur das geordnete gesellschaftliche Leben bedrohten, sondern auch ganz besonders dem Wesen der christlichen Ehe zuwiderliefen. Es sei nur daran erinnert, dafs der Mangel eines allgemein verbindlichen und zwingenden Eheschliefsungsrechtes den Beweis für das Bestehen einer Ehe aufser-

---

[1] c. 2 C. 27 qu. 2. „Sufficiat secundum leges solus eorum consensus de quorum conjunctionibus agitur."
Friedberg, Lehrbuch des kathol. und evangel. Kirchenrechts. 3. Aufl. (Leipzig 1889) S. 386.

[2] Friedberg, Geschichte der Civilehe S. 5.
Freisen, Die Entwickelung des kirchlichen Eheschliefsungsrechts (in Verings Archiv für katholisches Kirchenrecht LIII, 85).

ordentlich erschwerte oder ganz unmöglich machte. Es war deshalb die Eingehung von Doppelehen möglich, überhaupt die Ermittlung der allerwichtigsten Ehehindernisse (Blutsverwandtschaft) ausgeschlossen. Für das germanische Rechtsbewufstsein endlich war es besonders verletzend, dafs bei der formlosen Eingehung der Ehen die Einwilligung der Eltern ohne rechtliche Bedeutung war.[1]

Mehr als ein Grund bot sich mithin der Kirche dar, das bestehende Eheschliefsungsrecht in dem Sinne umzugestalten, dafs durch Öffentlichkeit des Eheabschlusses die angeführten Gefahren beseitigt oder doch vermindert würden.

Als bestes Mittel im Kampfe gegen diese heimlichen Ehen gebrauchte die Kirche die Vorschrift, dafs die (durch formlose Willenseinigung der Brautleute) geschlossenen Ehen vom Priester öffentlich eingesegnet werden sollten.[2] Auf dem 4. lateranensischen Konzil (1215) alsdann wurde das Gebot aufgestellt, die abzuschliefsenden Ehen müfsten vom zuständigen Pfarrer verkündet werden.[3] Es war aber eine heimliche Ehe im Sinne der Kirche von nun an jede Ehe, welche ohne vorheriges Aufgebot und ohne Mitwirkung der Kirche geschlossen wurde.[4] Allein gültig war eine solche Ehe trotz-

---

[1] Friedberg, das Recht der Eheschliefsung in seiner geschichtlichen Entwickelung (Leipzig 1865) S. 103.
[2] c. 1—6 C. XXX qu. 5.
[3] c. 3 X de clandestina desponsatione 4, 3.
Schulte, Handbuch des katholischen Eherechts (Giefsen 1855) S. 39 fg.
[4] Sanchez, III disp. 1: „ . . . proprie enim matrimonium clandestinum id dicatur quod clam et non in facie ecclesiae celebratum est."

dem (validum), wenn sie auch unerlaubt (illicitum) war.[1]

Aber auch diese Art der Bekämpfung hatte nicht den unbedingt sichern Erfolg, und das Trienter Konzil (1545—1563) griff endlich mit den schärfsten Waffen ein. In ihrer 24. Sitzung fafste die Kirchenversammlung am 11. November 1563 (der 8. Sitzung unter dem Pontifikate von Pius IV.) eine Reihe der einschneidendsten Beschlüsse, welche den Glauben und die Disziplin der Kirche über das Ehewesen betreffen. Nach langen Debatten und Vorbereitungen[2] hatte sich die Kirchenversammlung entschieden, „wegen des Ungehorsams der Menschen" die heimlichen Ehen mit einem trennenden Ehehindernis zu behaften. Zu diesem Zwecke schrieb das Konzil in einem „decretum de reformatione matrimonii" vor, dafs fortan eine christliche Ehe gültig geschlossen werden könne nur im Angesicht der Kirche (in facie ecclesiae), in Gegenwart des zuständigen (eignen) Pfarrers und 2 Zeugen. Um aber die Abwesenheit von Ehehindernissen festzustellen, müsse die abzuschliefsende Ehe vom Pfarrer 3 Mal an 3 aufeinanderfolgenden Fest-(Sonn-)tagen in der Kirche verkündet werden. Wer es

---

[1]) So sagt das Decretum de reformatione matrimonii sess. XXIV cap. 1 des Trienter Konzils: „... dubitandum non est, clandestina matrimonia, libero contrahentium consensu facta, rata et vera esse matrimonia quamdiu ecclesia ea irrita non fecit, et proinde jure damnandi sunt illi, ut eos sancta synodus anathemate damnat, qui ea vera ac rata esse negant." (Die Beschlüsse des Concilium Tridentinum sind im Folgenden angeführt nach Richter-Schulte, Canones et decreta concilii Tridentini [Lipsiae 1853].)

[2]) Über diese siehe Friedberg, Geschichte der Eheschliefsung S. 109 fg.

L. R. von Salis, Die Publikation des trident. Rechts der Eheschliefsung (Basel 1888) S. 15—49.

versuchen sollte, in andrer Weise eine Ehe einzugehen, den erklärt der Konzilsbeschlufs für nicht befähigt dazu.[1] Es steht demnach seither den nicht in der sog. trident. Form abgeschlossenen Ehen das trennende Hinderniss der Heimlichkeit entgegen (impedimentum dirimens clandestinitatis).

Diesen Beschlüssen des trident. Konzils unterwarfen sich aber nicht alle Christen. Die Reformation war gerade damals im Vordringen, und der Reformatoren Ansicht deckte sich nicht mit derjenigen der Konzilsväter. Vor allem scheidet die evangelische Lehre von der katholischen Lehre die Ansicht, dafs die Ehe **kein**

---

[1] Decretum de reformat. matrimonii sess. 24 cap. 1.: „Qui aliter quam praesente parocho vel alio sacerdote de ipsius parochi seu ordinarii licentia et duobus vel tribus testibus matrimonium contrahere attentabunt, eos sancta synodus ad sic contrahendum omnino inhabiles reddit et hujusmodi contractus irritos et nullos decernit, prout eos praesenti decreto irritos facit et annullat." [Eine deutsche Übersetzung der sämtlichen Konzilsbeschlüsse (mit dem lat. Text) gibt mit oberhirtlicher Genehmigung Petz, Des heiligen ökumen. Konzils Canones et decreta. Passau 1877.]

Die ursprüngliche zur Beratung kommende Fassung des Dekretes (Friedberg, Eheschliefsung S. 111) bestimmte, dafs die heimlichen Ehen als solche „irrita" seien. Nachher erklärte man noch dazu die Brautleute „inhabiles", eine Ehe anders als vor Pfarrer und Zeugen zu schliefsen.

Der Begriff der heimlichen Ehe ist somit seit dem Tridentinum ein veränderter. Vgl. die Entscheidung der Congregatio Concilii (in causa Neapol.) 14. Juni 1884. „matrimonium clandestinum illud proprie dici, quod contrahitur absque praesentia parochi vel alterius sacerdotis de ejus aut ordinarii licentia vel absque duobus testibus." (Acta S. Sedis XVII 305.)

Benedikt XIV (Prosper Lambertini) „De synode dioecesana" lib. 13, cap. 23, no. 13: „Infitiari nemo poterit, hunc esse ecclesiae spiritum, ut publica inter fideles matrimonia celebrentur; ideoque eam occultis hujusmodi nuptiis nequaquam favere."

Sakrament ist.[1] Auch nach evangelischer Auffassung kommt die Ehe durch Willenseinigung der Brautleute zustande, zu welcher kirchliche Einsegnung treten kann. Grundsätzlich gehört aber die Ehe als ein „weltlich Ding," wie Luther sagt, in das Gebiet des Staates.[2] Der Staat von damals aber besaſs kein eigenes Eheschlieſsungsrecht, die Folge war daher die, daſs das konfessionelle Eherecht zugleich das staatliche war, die evangelische Kirche also — mit Betonung auch der religiösen Seite der Ehe — nach einem Eherecht lebte, das sowohl ihr eigenes als auch dasjenige des Staates war.[3] Eine kirchliche Trauung wurde als „feine und christliche Ordnung" (Luther) gern gesehen, war aber zur rechtsgültigen Eingehung der Ehe keineswegs erforderlich. Erst dem 18. Jahrhundert blieb es vorbehalten, in der Trauung durch den Pfarrer den Akt der Eheschlieſung zu erblicken.[4]

Das konfessionelle Eheschlieſsungsrecht der katholischen und evangelischen Kirche war zugleich das Recht des Staates. Dies muſste aber notwendig zu Streitigkeiten führen, sobald das religiöse Glaubensbekenntniss die Bürger eines Staates nicht mehr in zwei feindliche Lager trennte, sondern Ehen zwischen Katholiken und Protestanten vorkommen konnten. Nach welchem Recht sollten nun aber solche Ehen geschlossen werden?

---

[1]) Friedberg, Lehrbuch S. 339.
[2]) Friedberg, Lehrbuch S. 339 Anm. 2.
[3]) Hinschius a. a. O. 2.
  Friedberg, Geschichte der Civilehe S. 6 u. 7.
  Friedberg, Lehrbuch S. 340.
[4]) Hinschius a. a. O. S. 3.
  Friedberg, Geschichte der Civilehe S. 10.
  Friedberg, Lehrbuch S. 395.
  Gneist a. a. O. S. 8.

Es mufste nun der Staat dieser Frage näher treten.[1] Sobald er nämlich eine Macht sein wollte, die über den Parteien stand unberührt von den konfessionellen Gegensätzen,[2] so durfte er nicht einen seiner Bürger zwingen, eine Ehe mit einer Andersgläubigen nach deren Recht zu schliefsen, wenn er überhaupt zu einer gültigen Ehe gelangen wollte. Ein von den religiösen Ansichten unberührtes staatliches Eherecht und Eheschliefsungsrecht bot aber den einzigen Ausweg.[3] Um so eher aber durfte ein Staat dazu schreiten, ein eigenes Eheschliefsungsrecht aufzustellen, als ja auch er ein hervorragendes Interesse an der gesunden Gestaltung des Ehewesens hat. Denn dafs die Ehe das Fundament jedes Staates bildet, das bedarf keines Beweises. Hatte nun in früherer Zeit infolge des Mangels jedes Staatsbewufstseins der Staat nicht einmal versucht, Einflufs auf das Eheschliefsungsrecht zu gewinnen, so mufste sich das ändern, sobald

---

[1] Hinschius, Staat und Kirche (in Marquardsens Handbuch des öffentlichen Rechts I, 1) S. 235.

[2] In Deutschland (Preufsen) hat das (Reichs-) Gesetz vom 3. Juli 1869 in seinem einzigen Artikel bestimmt: „Alle noch bestehenden, aus der Verschiedenheit des religiösen Bekenntnisses hergeleiteten Beschränkungen der bürgerlichen und staatsbürgerlichen Rechte werden hierdurch aufgehoben."

Die Schweizerische Bundesverfassung von 1874 bestimmt Art. 49 Absatz 4: „Die Ausübung bürgerlicher oder politischer Rechte darf durch keinerlei Vorschriften oder Bedingungen kirchlicher oder religiöser Natur beschränkt werden."

[3] Die Schweizerische Bundesverfassung von 1874 spricht diesen Gedanken aus in Art. 54: „Das Recht zur Ehe steht unter dem Schutze des Bundes."

„Dieses Recht darf weder aus kirchlichen oder ökonomischen Rücksichten, noch wegen bisherigen Verhaltens oder aus andern polizeilichen Gründen beschränkt werden."

der Staat sich seiner Pflichten gegen alle seine Bürger bewufst wurde. Kam es ihm doch ohnedies zu, die ehelichen Vermögensrechte mit seinem starken Arm zu beschützen. Die sittlichen Momente des christlichen Eherechts sind auch vom Staate als Grundlage für sein Eherecht anzuerkennen und überall anerkannt.[1] Drei Wege stehen nun offen, um demjenigen zur Eingehung einer gültigen Ehe zu verhelfen, welchem das konfessionelle Gesetz eine solche versagt. Das Staatsgesetz kann entweder für alle diejenigen, welche aus irgend einem Grunde zu einer kirchlichen Eheschliefsung nicht gelangen können, eine bürgerliche Eheschliefsungsform einführen.[2] Die so bei Abwesenheit von staatlichen Ehehindernissen eingegangene sog. Not-Civilehe betrachtet der Staat für seinen Bereich als vollgültige Ehe und stellt sie in ihren Folgen der nach den Vorschriften des Kirchengesetzes eingegangenen Ehe gleich.[3]

---

[1]) Gneist a. a. O. S. 7.
[2]) Gneist a. a. O. S. 13.
Heiner, Grundrifs des katholischen Eherechts (Münster 1889) S. 30.
[3]) Dies war der Ausweg, den viele deutsche Staaten einschlugen. So Württemberg 1858, Baden bis 1869 etc. Heute besteht die Form der Not-Civilehe in Österreich für solche, welche keiner vom Staate anerkannten Kirche oder Religionsgenossenschaft angehören (Gesetz vom 9. April 1870) und für solche, welche aus irgend einem andern Grund die kirchliche Eheschliefsung nicht erlangen können. So bestimmt das österreichische Gesetz vom 25. Mai 1868 Art. 2: Wenn ein Seelsorger die Trauung verweigert, „so steht es den Brautleuten frei, das Aufgebot ihrer Ehe durch die weltliche Behörde zu veranlassen und die feierliche Erklärung der Einwilligung der Ehe vor dieser Behörde abzugeben." (Die beiden österreichischen Gesetze sind abgedruckt in Schröder, Corpus juris civilis II, S. 34 fg. und 40 fg.; ferner in Dove-Friedberg, Zeitschrift für Kirchenrecht IX, 452 und VIII, 139).

Oder aber der Staat stellt den Brautleuten die Wahl von vornherein frei, entweder ihre Ehe in kirchlicher Form zu schliefsen oder vor seinem bürgerlichen Standesbeamten. In dieser letzten Form hat der Gedanke der Civilehe, die sog. fakultative Civilehe zuerst praktische Gestalt gewonnen. Es geschah dies 1580 in Holland und Westfriesland und demnächst 1656 in den gesammten Niederlanden.[1]

Diese letztere Form vermittelt den Übergang zur obligatorischen Civilehe. Deren Wesen besteht in der scharfen Trennung von kirchlichem und staatlichem Eheschliefsungsrecht. Die Zwangscivilehe führt auf einem wichtigen Gebiete die unbedingte Trennung von Kirche und Staat durch. Das kirchliche Eheschliefsungsrecht ist durch ein Staatsgesetz verdrängt und hat für den Bereich des Staates jede Bedeutung verloren. Nur die vor dem Staatsbeamten (Standesbeamten) in Gegenwart von (meistens 2) Zeugen geschlossene und in das Eheregister einzutragende Verbindung ist eine wahre

---

Vgl. Binder, Praktisches Handbuch des katholischen Eherechts (3. Aufl. von Scheicher, Freiburg i/Br. 1887) S. 373—376.

[1]) Friedberg, Geschichte der Civilehe S. 11.
—, Eheschliefsung S. 482.
Die fakultative Civilehe bestand z. B. auch in Oldenburg, durch Gesetz vom 31. Mai 1855 eingeführt, dessen Art. 1 § 1 lautet: „Die kirchliche Eingehung der Ehe nach den Vorschriften einer vom Staate anerkannten Religionsgenossenschaft bleibt als bürgerlich gültige Form der Eingehung der Ehe bestehen." § 2. „Aufserdem kann jede staatsgesetzlich zulässige Ehe vor den bürgerlichen Behörden auf die in diesem Gesetz angegebene Weise bürgerlich gültig als Civilehe eingegangen werden." (Bei Friedberg, Eheschliefsung abgedruckt, S. 767 fg.) Heute besteht die fakultative Civilehe u. a. in England seit 1836.

und gültige Ehe für das Gebiet des Staates.[1] Alle Rechte, welche an den Abschluſs einer Ehe anknüpfen, entstehen von diesem Zeitpunkt an. Der kirchlichen Trauung kommt für das staatliche Gebiet eheschlieſsende Bedeutung nicht zu. Die Vornahme eines kirchlichen Trauungs-Aktes ist in den meisten Gesetzgebungen vor Abschluſs der Civilehe verboten und unter Strafe gestellt.[2] Der Staat bewirkt das Aufgebot der Ehe. Der Diener einer Religionsgesellschaft hat bei den Vorbereitungen und beim Abschluſs der Ehe in keiner Weise mitzusprechen.

Die obligatorische Civilehe ist heute die Eheschlieſsungsform einer groſsen Zahl von Staaten. Vorübergehend bestand sie in England im 17. Jahrhundert (Cromwell).[3] In Frankreich wurde sie durch Gesetz vom 20. Sept. 1792 eingeführt und ging in den Code civil

---

[1] **Code civil français** I tit. 5, Art. 165: „Le mariage sera célébré publiquement devant l'officier civil du domicile de l'une des deux parties."

Das Schweizerische Bundesgesetz betreff. Feststellung und Beurkundung des Civilstandes und die Ehe vom 24. Christmonat 1874 führte aus die Art. 53 und 54 der Bundesverfassung.

Deutsches Reichsgesetz über die Beurkundung des Personenstandes und die Eheschlieſsung vom 6. Februar 1875: § 41 „Innerhalb des Gebietes des Deutschen Reiches kann eine Ehe rechtsgültig nur vor dem Standesbeamten geschlossen werden."

[2] Nach dem **schweizerischen Gesetz** Art. 59: Geldbuſse bis 300 Frs., im Wiederholungsfall Verdoppelung der Buſse und Amtsentsetzung.

Nach dem **deutschen Gesetz** § 67: Geldstrafe bis 300 Mark oder Gefängnis bis 3 Monate.

[3] **Friedberg**, Eheschlieſsung S. 323 fg.
—, Geschichte der Civilehe S. 13.

über, mit dem sie in den Ländern Aufnahme fand, welche das französische Gesetzbuch annahmen.[1] In neuerer Zeit sind als besonders wichtige Civilehe-Gesetze zu nennen diejenigen von Italien (1866), Preufsen-Deutschland (1874 und 1875) und das schweizerische Bundesgesetz vom 24. Dezember 1874.

Durch die Einführung der Civilehe hat der Staat ein vom kirchlichen abweichendes Recht geschaffen.[2] Aber er hat dadurch keineswegs das bis dahin geltende Eheschliefsungsrecht der Kirche als solches vernichtet. Dieses bleibt nach wie vor bestehen und kann sich weiter entwickeln. Allein das Eheschliefsungsrecht, das bis dahin nicht nur für das Gebiet der Kirche, sondern auch für dasjenige des Staates galt, hat aufgehört für den letztern irgend welche Wirkung zu äufsern. Es ist eingeschränkt auf das Gebiet der Kirche. Der Staat lebt nach einem selbstgeschaffenen eigenen Eherecht. Das Eherecht der Kirche ist für ihn tot.[3] Wohl hält die

---

[1] Friedberg, Eheschliefsung S. 558.
—, Geschichte der Civilehe S. 25.
Eine Übersicht über die Länder, welche die obligatorische Civilehe als Eheschliefsungsform eingeführt haben, gibt:
Vering, Geschichte und Wesen der Civilehe (in seinem Archiv XXIX, 148 fg.);
Stälin, Die Form der Eheschliefsung nach den neuern Gesetzgebungen (in Dove-Friedbergs Zeitschrift IV, 350—381, V, 145—208);
Wetzer und Welte, Katholisches Kirchenlexikon (2. Aufl.) III, 391—395 (der Artikel „Civilehe" von Lehmkuhl S. J.);
Grünwald, Die Eheschliefsung nach den Bestimmungen des östr., franz., deutschen Rechts etc. (Wien 1881).

[2] Über den Umfang des staatlichen Ehegesetzes vergleiche die Ausführungen unten.

[3] Zorn, Lehrbuch des Kirchenrechts (Stuttgart 1888) sagt S. 534: „Sätze, welche den staatlichen Vorschriften zuwiderlaufen,

Kirche und vornehmlich die röm.-kathol. Kirche fest an den Forderungen ihres Eherechts. Der Arm des Staates fehlt ihr aber, um dieselben zwangsweise durchzuführen. Für die Angehörigen der Kirche ist es nun eine reine Gewissensfrage,[1] ob sie, nachdem sie den staatlichen Vorschriften Genüge gethan, nun auch noch die Satzungen ihrer Kirche beobachten wollen. Diese kirchlichen Vorschriften können dann durch keinen andern Zwang durchgeführt werden als durch den Zwang, vermöge welches die Kirche mittelst Androhung kirchlicher Nachtheile auf das Gewissen der Gläubigen einzuwirken sucht. Das Eheschließungsrecht der Kirche besteht also nur noch fort als ein gewillkürtes Recht der seinen Satzungen sich unterwerfenden Gläubigen. Der Kirche darf dann ihrerseits das Recht nicht bestritten werden, falls sie es für nothwendig erachtet, durch Kirchenstrafen die Nachachtung ihrer Gesetze zu erzwingen, ja sogar eine vor dem Staatsgesetz gültige Ehe als eine vor dem Kirchengesetz nicht zu Recht bestehende zu betrachten. Wie weit dann aber die öffentliche Kritik der einzelnen, vom Staat als gültig anerkannten, von der Kirche nicht anerkannten Ehe gehen darf, das ist eine Frage, welche nicht

---

wie solche besonders die Eheordnung der katholischen Kirche in weitem Umfang enthält, sind nichtig."

Der Satz in dieser Allgemeinheit ausgesprochen ist unrichtig. Wie aus dem im Text Gesagten hervorgeht, sind kirchliche Vorschriften, welche dem Staatsgesetz zuwiderlaufen, nicht nichtig als solche. Sie sind nichtig für das Gebiet des Staates. Für das Gebiet der Kirche sind dieselben vollgültig; ihre Nachachtung kann aber nur in foro interno erzwungen werden.

[1]) Ausdrücklich hebt das deutsche Civilehegesetz dies hervor im § 82: „Die kirchlichen Verpflichtungen in Beziehung auf Taufe und Trauung werden durch dieses Gesetz nicht berührt."

hierhergehört. Sie beurteilt sich nach den Vorschriften des Strafgesetzbuches.

Durch die Einführung der obligatorischen Civilehe hat der Staat seinerseits ein trennendes Ehehinderniss der Heimlichkeit geschaffen. Gefahren, welche aus dem Bestehen von heimlichen Ehen fliefsen, sind in unsrer Zeit so gut vorhanden wie zur Zeit des Trienter Konzils. Es wurde jedoch schon oben bemerkt, dafs seit dem Inkrafttreten des staatlichen Eherechtes das Eherecht der katholischen Kirche keineswegs aufgehört hat, zu sein. Und es gilt nun, zu untersuchen, welche Stellung die katholische Kirche zur obligatorischen Civilehe einnimmt.

Im Gegensatz zum altgermanischen Recht kommt nach trident. Recht und nach den Civilehegesetzen der Willenseinigung beider Brautleute eheschliefsende Bedeutung grundsätzlich zu.[1] Die Form aber, in welche sich diese Willenserklärung kleiden mufs, um den angestrebten Erfolg zu haben, ist eine äufserlich verschiedene: auf der einen Seite wird verlangt, Abgabe der beidseitigen Erklärungen vor dem Civilstandesbeamten und vor Zeugen; bei der kirchlichen Eheschliefsung tritt an Stelle des erstern der zuständige Pfarrer, die Zeugen bleiben. Der Grundsatz, dafs die Willenseinigung die Ehe schliefse (consensus facit nuptias) ist beiden Eheschliefsungsformen gemeinsam.

Gemeinsam ist ferner beiden Formen das Erforder-

---

[1] Entscheidung der Congregatio Concilii vom 10. Juni 1865 (Acta S. Sedis II p. 6 seq.): „Matrimonium inter personas jure naturali et ecclesiastico ad illud idoneas, solo consensu contrahi servata Tridentini forma ubi decretum viget."

Code civil français liv. 1, tit. 5, Art. 146: „Il n'y a pas de mariage lorsqu'il n'y a point de consentement."

Schweizerisches Civilehegesetz, Art. 26: „Zu einer gültigen Ehe gehört die freie Einwilligung der Brautleute."

nis der Anwesenheit von (meist) zwei Zeugen.[1] Und auch die Stellung dieser letzteren ist beim Eheabschluſs auf beiden Seiten die nämliche. Die Zeugen werden beim Akte der Eheabschlieſsung selbst nicht thätig. Sie wohnen demselben bei lediglich als Urkundspersonen, d. h. es kommt ihnen nur zu, Kenntniss zu nehmen von den abgegebenen Erklärungen.[2] Aus diesem Grunde ist die Fähigkeit, als tauglicher Zeuge einer kirchlichen und bürgerlichen Eheschlieſsung beiwohnen zu können, an keine anderen Voraussetzungen geknüpft als an die, welche die Sicherheit der Beurkundung dieser wichtigen Vorgänge erheischt.[3]

Die Stellung schlieſslich des Pfarrers und des Civilstandsbeamten kann eine der äuſseren Erscheinung nach verschiedene sein. Diese Verschiedenheit hat einmal ihren Grund darin, daſs der Pfarrer der Diener der Kirche, der Civilstandsbeamte derjenige des Staates ist. Beide,

---

[1]) Zu vergleichen der (Anmerk. 1, S. 4) angeführte Text des Dekrets.

Das Code civ. franç. bezw. das Gesetz über die Publizität der Eheverträge vom 10. Juli 1850 schreibt (Art. 57) die Anwesenheit von 4 Zeugen auſser dem officier civil vor. Das deutsche und schweizerische Civilehegesetz 2 Zeugen neben dem Standesbeamten.

[2]) Deshalb brauchen die Zeugen nicht besonders zur Eheschlieſsung gebeten zu sein. Auch der nur zufällig Anwesende kann tauglicher Zeuge sein. Vgl. dazu Richter-Dove, Lehrbuch des katholischen und evangelischen Kirchenrechts. 8. Aufl. (Leipzig 1886) S. 1131.

[3]) Deutsches Gesetz § 53: „Als Zeugen sollen nur Groſsjährige zugezogen werden. Verwandtschaft und Schwägerschaft zwischen den Beteiligten und den Zeugen, oder zwischen den Zeugen unter einander steht deren Zuziehung nicht entgegen."

Schweizerisches Gesetz, Art. 38 Abs. 4: „In allen Fällen ist die Gegenwart von 2 volljährigen Zeugen notwendig."

Civilstandsbeamter und Pfarrer, wohnen der Eheschliefsung aber bei als besonders ausgezeichnete Urkundspersonen, als Vertreter des Staates bezw. der Kirche. Das Amt des Pfarrers ist es nur, die Willenserklärungen, gleich den übrigen beiden Zeugen, zu vernehmen. Keineswegs werden besondere priesterliche Verrichtungen zur Gültigkeit der Trauungshandlung erfordert.[1] Dies folgt schon daraus, dafs in Fällen, wo ein Pfarrer wegen der ungünstigen Lage des Orts u. s. w. nicht zu bekommen ist,

---

[1]) Benedikt XIV, l. c. lib. 13, cap. 23, no. 6: „Parochus enim interest matrimonio tamquam testis auctorizabilis pro ecclesia."

Weber, Katechismus des katholischen Eherechts (Augsburg 1887) Frage 62.

Phillips, Lehrbuch des Kirchenrechts (Regensburg 1881) S. 653.

Ph. Hergenröther, Lehrbuch S. 413 betont ausdrücklich, der Pfarer sei beim Abschlufs der Ehe gegenwärtig nur als „testis qualificatus."

Als historischer Beleg kann für die ausgesprochene Behauptung die Thatsache angeführt werden, dafs erst in der letzten Fassung des betr. Dekrets das Konzil v. Trient den Pfarrer als einen der Zeugen bezeichnete, während es vorher nur ganz allgemein die Anwesenheit von 3 Zeugen verlangt hatte, und man mit dem Erforderniss der priesterlichen Anwesenheit keineswegs ein neues juristisches Moment bringen wollte. (Vgl. Friedberg, Eheschliefsung S. 111.)

Der Pfarrer braucht nicht Priester zu sein und hat nur die sog. „passive Assistenz" zu leisten. Zu dieser kann er selbst mit Gewalt gezwungen werden, ohne dafs dadurch die gültige Eingehung der Ehe beeinträchtigt würde. Selbst interdizirte und exkommunizirte Pfarrer, welchen eben der character indelebilis, stets noch anhaftet, können der Eheschliefsung beiwohnen, welche dadurch ihre volle Gültigkeit erlangt. Aus allem dem geht deutlich hervor, dafs dem Pfarrer nur zukommt, Kenntnis zu nehmen von den Erklärungen der Verlobten.

Richter-Dove a. a. O. S. 1130.

Ehen kirchlich gültig eingegangen werden können blofs in Anwesenheit von 2 Zeugen.[1] Und ferner ist die Gegenwart des Pfarrers zum gültigen Abschlufs einer Ehe an den Orten nicht erforderlich, an welchen die trident. Ehevorschrift nicht in Geltung ist, sondern die alte Eheschliefsungsform (d. h. Formlosigkeit) fortbesteht. Die Einsegnung vollends der Ehe durch den Pfarrer hat auf ihre Gültigkeit keinen Einflufs.[2] Zum Beweise dieser Behauptung braucht nur hingewiesen zu werden auf den Umstand, dafs in vielen Fällen die gültig eingegangene Ehe gar nicht eingesegnet werden darf.[3]

Aus alledem folgt aber der Satz, dafs die trident.

---

[1]) Entscheidung der Congregatio Inquisitionis (für Amerika) 14. November 1883 (Acta S. Sedis XIII, p. 351 seq.): „... in locis, ubi haberi nequeat parochus, validum est matrimonium celebratum coram duobus testibus."

Ferner Epistola Pii VI ad Episcopum Lucionensem 28. Mai 1793 (Collectio Brevium Pii VI tom II, 168 seq.). „Et quoniam complures ex istis fidelibus non possunt omnino parochum legitimum habere, istorum profecto conjugia contracta coram testibus et sine parochi praesentia, si nihil aliud obstet, et valida et licita erunt, ut saepe saepius declaratum fuit a S. Cong. Concilii Tridentini interprete."

[2]) Weber a. a. O. S. 64.

Benedikt XIV, l. c. lib. 6, cap. 5: „Sed rectius judicat Pontius ... admonens, hujusmodi matrimoniis sacerdotalem benedictionem impendendam non esse, ... quoniam nihil horum ad illius validitatem intervenire necesse est."

Antwort des heiligen Stuhls 22. April 1795 (Roskovany, Matrimonium in ecclesia catholica III, 67): „.... fideles hortendos esse, ut cum sacerdotis copiam habere possunt, ab eo benedictionem petant, qui tamen illis declarabit, hujusmodi benedictionem ad valorem matrimonii minime pertinere."

[3]) So: wenn die Braut eine Witwe ist, oder wenn die Trauung in der geschlossenen Zeit stattfindet, meist auch bei Eingehung einer kirchlichen erlaubten Mischehe.

Ehevorschrift (sess. 24 cap. 1 de reformatione matromonii) keineswegs dogmatischer, sondern disziplinärer Natur ist.[1] Wäre nämlich kraft eines Glaubenssatzes die Anwesenheit des Pfarrers zum gültigen Eheabschlufs erforderlich, dann wäre kein Getaufter von der Beobachtung der Vorschrift entbunden. Denn von der Beobachtung der Glaubenssätze kann selbst der Papst nicht befreien. Wie nun aber bereits erwähnt wurde und unten noch weiter ausgeführt wird, hängt die Gültigkeit des trident. Dekretes von der Verkündigung in den einzelnen Pfarreien ab. Es tritt somit der Fall ein, dafs das trident. Ehegesetz an dem einen Orte in Geltung sein kann, am andern nicht. Und dies widerspricht dem Wesen einer dogmatischen, für die ganze Christenheit verbindlichen Vorschrift.

Ein Weiteres folgt noch aus der disziplinären Natur der trident. Ehevorschrift. Dadurch, dafs die Kirchenversammlung den Pfarrer als blofse Urkundsperson beliefs, hat sie die Ansicht abgewiesen, welche in dem Pfarrer den Spender des Ehesakramentes erblickt.[2] Denn wenn ohne Gegenwart des Pfarrers eine Ehe gültig, d. h. sakramental eingegangen werden kann, so folgt daraus die Richtigkeit der Behauptung, dafs es die Brautleute selbst sind, welche sich das Sakrament spenden. Damit ist aber dargethan, dafs die Vorschrift des Trienter Konzils über die dogmatischen Grundlagen der Auffassung von

---

[1]) Zum Folgenden namentlich zu vergleichen: Schulte, Die Statthaftigkeit der Civilehe nach katholischen Grundsätzen (in Dove-Friedbergs Zeitschrift für Kirchenrecht XI, p. 18—43).

[2]) Diese letztere Ansicht ist heute von allen römischen Schriftstellern verworfen.

Hergenröther, Lehrbuch S. 413.
Hinschius, Kommentar S. 3.
Vgl. die weiteren Ausführungen unten.

der Ehe nichts entschied, sondern lediglich einen praktischen Zweck verfolgte, eine öffentliche Eheschliefsung an Stelle der heimlichen zu setzen und dies dadurch zu erreichen suchte, dafs sie die Anwesenheit von Zeugen erforderte, unter welchen als ein besonders geeigneter der Pfarrer hervortritt.

Der Staat nun, welcher die Form der Civilehe zum staatlichen Eheschliefsungsrecht macht, hat in gleicher Weise dafür gesorgt, dafs die Ehen öffentlich eingegangen werden. Die besonders geeignete Person, zur Beurkundung des Eheabschlusses, ist ihm sein Staatsbeamter (Civilstandsbeamter). Und wirklich gibt es Ehegesetze, welche lediglich durch Abgabe der beiderseitigen übereinstimmenden Willenserklärungen vor dem Civilstandsbeamten die Ehe als geschlossen betrachten.[1] Es deckt sich also in diesen Fällen vollständig kirchliche und staatliche Eheschliefsungsform, immer natürlich mit dem Vorbehalt der Verschiedenheit der sonstigen Stellung der betreff. Urkundsperson.

Es ist nun zuzugeben, dafs die meisten neuen Civilehegesetze es an der blofsen Abgabe der Willenserklärung vor dem Beamten nicht genügen lassen, sondern als weiteres Erfordernis zum Zustandekommen der Ehe den Ausspruch des Civilstandsbeamten verlangen, dafs er (nach erfolgter beiderseitiger Erklärung) die Ehe als

---

[1] So das Gesetz von Nassau 19. Juli 1863 (abgedruckt bei Friedberg, Eheschliefsung S. 813—814), welches die Notcivilehe einführte. Dessen § 3 lautet: „Nach bescheinigtem Vollzuge der Proklamation oder erlangter Dispensation von derselben können die Brautleute die Ehe gültig abschliefsen durch ihre bei dem Amte eines der beiden Teile persönlich abzugebende, durch unsere Beamten auf Stempelpapier No. 7 zu Protokoll zu nehmende Erklärung, dafs sie sich als ehelich miteinander verbunden betrachten wollen."

geschlossen erkläre.[1] Der Gesetzgeber hat damit nicht einen neuen, aus dem ganzen Wesen der Civilehe mit Naturnothwendigkeit folgenden Satz ausgesprochen. Der Ausspruch erst des Civilstandsbeamten nach erfolgter

---

[1] Code civ. fr. Art. 75. Schweiz. Gesetz Art. 38.
Deutsches Gesetz § 52: „Die Eheschliefsung erfolgt in Gegenwart von 2 Zeugen durch die an die Verlobten einzeln und nach einander gerichtete Frage des Standesbeamten:
ob sie erklären, dafs sie die Ehe mit einander eingehen wollen, durch die bejahende Antwort der Verlobten und den hierauf erfolgenden Ausspruch des Standesbeamten, dafs er sie nunmehr kraft des Gesetzes für rechtmäfsig verbundene Eheleute erkläre." Mit Friedberg, Verlobung und Trauung (Leipzig 1876) S. 70 fg. ist gegen Sohm, Das Recht der Eheschliefsung (Weimar 1875) S. 284 fg. daran festzuhalten, dafs erst der Ausspruch des Standesbeamten den Akt der Eheschliefsung vollendet. Das Gesetz verlangt 1. Willenserklärung der Brautleute und 2. Ausspruch des Standesbeamten zur gültigen Eingehung einer Ehe. In Beziehung auf die Willenserklärung hat der Spruch des Standesbeamten deklaratorische, in Beziehung auf den Abschlufs der Ehe konstitutive Wirkung nach dem klaren Wortlaut des Gesetzes. Dies folgt aber noch aus einer andern Bestimmung des nämlichen Gesetzes, nämlich aus § 54, welcher verlangt, ins Eheregister müssen eingetragen werden Ziff. 4: die Erklärung der Eheschliefsenden, Ziff. 5 „der Ausspruch des Standesbeamten." Würden die Willenserklärungen der Verlobten schon die Ehe schliefsen, dann genügte die Beurkundung der Erklärungen im Heiratsregister vollständig. Aber gerade aus dem Erfordernis der Ziff. 5 entnehme ich, dafs der Ausspruch des Standesbeamten keineswegs blofs deklaratorische, sondern auch konstitutive Wirkung hat, denn es wäre die Beurkundung, dafs der Standesbeamte die Erklärungen vernommen habe überflüssig, nach dem im Heiratsregister (gemäfs § 54 Ziff. 4) bereits die Erklärungen von seiten der Brautleute in klarer Weise beurkundet sind. Das Erfordernis § 54 Ziff. 5 läfst sich nur begreifen, wenn man in Übereinstimmung mit § 52 sich für die konstitutive Wirkung des betreff. Ausspruches erklärt.

Willenserklärung begründet allerdings die Ehe. Doch besteht diese Neuerung nur, um ein unbedingt sicheres Zeugniss, einen mit gesetzlichem Ansehen bekleideten Ausspruch des die Staatsgewalt vertretenden Beamten zu haben, wodurch alle Zweifel ausgeschlossen werden. Gegen das trident. Recht bildet das Erforderniss des die Ehe begründenden Ausspruches des Civilstandsbeamten einen weiteren wichtigen Schritt in der Bekämpfung der heimlichen Ehen.[1]

Als Ergebniss der bisherigen Untersuchung ist festzustellen: in den einzelnen Erfordernissen und Vorgängen bei der Eheschließung herrscht zwischen staatlichem und kirchlichem Eheschließungsrecht grundsätzliche Übereinstimmung, weil Kirche und Staat das nämliche Ziel im Auge haben bei Aufstellung ihres Eherechts.[2]

Die verschiedenen Seiten der beiden Eheschließungsformen wurden bisher erörtert. Eine Seite der katholischen Ehe wurde nur im Vorbeigehen erwähnt. Und gerade sie ist für die grundsätzliche Stellung der katholischen

---

[1]) Damit ist ausdrücklich gesagt, dafs der in den Civilehegesetzen von Deutschland, Frankreich, der Schweiz verlangte Ausspruch des Standesbeamten keineswegs ein bei Abschließung der Ehe nur nebensächlich hinzutretendes Erforderniss ist. Dem Spruche des Standesbeamten kommt beim Akte selbst dieselbe wichtige Bedeutung zu, wie der Erklärung der Verlobten. Allein diese letztere ist insofern von überragender Wichtigkeit, als ohne Erklärung der Brautleute ein Ausspruch des Standesbeamten, dafs er die Ehe für geschlossen erkläre, gar nicht herbeigeführt werden kann. In diesem Sinne habe ich in der Darstellung (oben) gesagt, trid. und staatl. Eheschließungsrecht lassen grundsätzlich durch Willenseinigung der Brautleute die Ehe zustande kommen im Gegensatz zum altgerm. Recht, das eine Willenserklärung der Braut bei der Eheschließung ganz ausschlofs.

[2]) Schulte a. a. O. in der Zeitschrift S. 33.

Kirche zur obligatorischen Civilehe von entscheidender Bedeutung: die Sakramentsnatur der Ehe.

Nach einem Glaubenssatze der katholischen Kirche ist die Ehe ein Sakrament. Der Stifter der Kirche selbst, Christus, hat die Ehe zum Abbild seiner Vereinigung mit der Kirche zum Sakrament erhoben.[1] Wenn nun auch ausgeführt wurde, die Ehe komme durch Vertrag zustande, so ist diese Behauptung bei Betrachtung der Sakramentsnatur der Ehe in keiner Weise einzuschränken. Aber, so lautet die Lehre der Kirche, diese Eigenschaft, Sakrament zu sein, kommt der Ehe durchaus nicht zu, durch eine besondere, vom Vertragsschlufs gesonderte Verleihung. Der gültige, die Ehe begründende Vertrag ist von selbst auch der mit Sakramentsnatur begabte Vertrag. Vertrag und Sakrament sind Eins. Ist der Vertrag wegen Formmangels nichtig, so

---

[1]) Conc. Tridentinum sess. 24 de sacramento matrimonii: can. 1: „Si quis dixerit, matrimonium non esse vere et proprie unum ex septem legis evangelicae sacramentum, sed ab hominibus in ecclesia inventum, neque gratiam conferre: anathema sit."

Im Syllabus errorum vom 8. Dezember 1864 (abgedruckt ist die Encyclica „Quanta cura" mit dem Syllabus in den Acta S. Sedis III, 160 seq.; Verings Archiv XIII. 309 Dove-Friedberg, Ztschr. V, 329 fg.,) hat Pius IX. den Satz verdammt:

thes. 65: „Nullae ratione ferri potest, Christum evexisse matrimonium ad dignitatem sacramenti."

Leo XIII. in der Encyclica „Arcanum divinae" vom 10. Februar 1880 (abgedruckt in Roskovany, Matrimonium in ecclesia kath. IV, 170 seq., Verings Archiv XLIV, 109 fg.): „Nam Christus Dominus dignitate sacramenti auxit matrimonium: matrimonium autem est ipse contractus si modo sit factus jure. Huc accedit, quod ob hanc causam matrimonium est sacramentum, quia est sacrum signum et efficiens gratiam et imaginem referens mysticarum nuptiarum Christi cum Ecclesia."

ist er auch nicht begabt gewesen[1] mit der Kraft des Sakramentes. Damit hat die römische Kirche die Lehre verdammt, welche Vertrag und Sakrament als zwei verschiedene Dinge getrennt auseinanderhielt. Diese irrige Lehre hat im vorigen Jahrhundert die Einführung der Civilehe in Frankreich gefördert. Die Regelung der Vertragsverhältnisse, so sagten die französischen Theologen und Juristen, ist Sache des Staates. Die Einführung einer bürgerlichen Eheschliefsungsform steht deshalb den Satzungen der Kirche nicht entgegen. Das Sakrament

---

[1] Pius IX. im Syllabus: thes. 66: „Matrimonii sacramentum non est nisiquid contractui accessorium ab eoque separabile ipsumque sacramentum in una tantum nuptiali benedictione situm est."

(Vgl. auch die Worte, mit denen Pius IX. die Schriften von J. N. Nuytz verdammt hat am 22. August 1851 [abgedruckt in Verings Archiv XIII, 339 fg.].)

thes. 73: „Vi contractus mere civilis potest inter christianos constare veri nominis matrimonium."

In der Allokution vom 27. September 1852 (Verings Archiv XIII, 342 fg.) sagte Pius IX.: „... inter fideles matrimonium dari non posse quin uno eodemque tempore sit sacramentum."

In seinem Brief an den König von Sardinien, Viktor Emanuel, vom 19. September 1852 sagt Pius IX.: „doctrina ecclesiae est: sacramentum non esse accidentalem qualitatem, contractui additam, sed ad ipsam essentiam matrimonii pertinere ista, quod connubium apud christianos nonnisi in sacramento matrimonii legitimum sit, extra quod solummodo concubinatum constituit" (abgedruckt in Verings Archiv XLI, p. 369).

Perrone S. J. „De matrimonio christiano" (Romae 1858) I, p. 207: „... in locis, in quibus post Tridentini decreti publicationem matrimonium sine parochi praesentia celebratum, non solum non est sacramentum, sed neque contractus abstrahendo etiam a quaestione sacerdos ne, an vero contrahentes ministri sint sacramenti."

Ph. Hergenröther, Lehrbuch S. 412: „Ehekontrakt und Ehesakrament sind im Christentum nur virtuell, nicht reell zu distinguieren."

geht den Staat nichts an, für dessen Verwaltung mag die Kirche ihrerseits Vorschriften erlassen. Nach dieser Lehre käme alsdann dem Ehevertrage erst kraft besonderer Verleihung die Eigenschaft zu, Sakrament zu sein. Und der Priester sollte es sein, der dann den vertraglich bereits Verbundenen das Sakrament durch seine Einsegnung spende.[1]

Diese letztere Ansicht wird von den höchsten kirchlichen Lehr-Gewalten und demgemäfs von allen katholischen Schriftstellern übereinstimmend zurückgewiesen, und es wird ausdrücklich die Einheit von Vertrag und Sakrament betont.[2]

Die Verwaltung der Sakramente aber hat nach katholischer Lehre Christus seiner, d. h. der katholischen Kirche übertragen. Auch die Ehe, als eines der sieben Sakramente, untersteht deshalb der kirchlichen Verwaltung. Ausdrücklich wird von katholischen Lehrern betont, dafs dieses Recht ein der Kirche von ihrem Stifter verliehenes und keineswegs ein durch irgend eine andere Gewalt (z. B. Staatsgewalt) ihr übertragenes sei.[3]

---

[1]) Friedberg, Geschichte der Civilehe S. 27.
Diese Auffassung hatte auch Portalis, der Hauptredaktor der organ. Artikel zum französischen Konkordat. Namentlich zu vergleichen sind seine Reden über diesen Gegenstand bei Friedberg, Eheschliefsung S. 567.

[2]) Pius IX. hat im Syllabus, in der Anm. 43 angeführten thesis 66 diesen Satz verdammt: „ . . . ipsumque sacramentum in una tantum nuptiali benedictione situm est."
Leo XIII. Encycl. „Arcanum": „Nec quemquam moveat illa tantopere a regalistis praedicta distinctio, vi ejus contractum nuptialem a sacramento disjungunt, eo sane consilio, ut, ecclesiae reservatis sacramenti rationibus, contractum tradant in potestatem arbitriumque principum civitatis."
Benedikt XIV. „De synod. dioec.": lib. VIII, cap. 13, no. 6—9.
Hergenröther, Lehrbuch S. 413 fg.

[3]) Instructio Cardinalis Vicarii Sum. Pontif., de sa-

— 24 —

Kraft eines höhern Rechtes ist die Kirche Verwalterin des Ehesakramentes und nur die Kirche. Sie teilt diese ihre Gewalt mit niemand anderem, nicht mit dem Staate. Diesem letztern kommt auch nicht der mindeste Anteil am Recht zu, die Sakramente zu verwalten.[1] Die Folge

---

cramento matrimonii (bei Roskovany III, 127 seq.) 1871: „... at istud quidem fecit (sc. ecclesia regulavit matrimonia christianorum) non ex indulgentia aut concessione principum verum **proprie, originali et independente.**"

Leo XIII. in der Encycl. „Arcanum": „atque ita exercuit (sc. ecclesia disciplinam matrimonii) ut illam **propriam** esse appareret, nec hominum concessu quaesitum, sed **auctoris sui voluntate divinitus adeptam.**"

[1]) Leo XIII. l. c.: „Christus igitur, cum ad talem ac tantam excellentiam matrimonia venovavisset, **totam ipsorum disciplinam ecclesiae credidit et commendavit.** Quae potestatem in conjugia christianorum omni cum tempore tum loco exercuit."

Weiter sagt der nämliche Papst l. c.: „De sacramentis autem statuere et praecipere, ita ex voluntate Christi, **sola potest et debet ecclesia, ut absonum sit plane potestatis ejus vel minimam partem ad gubernatores rei civilis velle translatam.**"

Perrone, S. J. l. c. II, p. 25: „Insuper vinculum conjugale ob mysticam significationem quam praesefert ... haberi debet ut res sacra, quae **unice** a spirituali potestate, cujusmodi est potestas ecclesiae, potest attingi."

Pius IX. im Syllabus thes. 74: „Causae matrimoniales et sponsalia suapte natura ad forum civile pertinent."

Zu vergleichen auch das Konkordat zwischen dem heiligen Stuhl und der Republik Columbia vom 31. Dezember 1889 (abgedruckt bei Roskovany, Supplementa ad collectiones monumentorum [Nitriae 1889] tom. VI, no. 3134):

Art. 19. „Auctoritas ecclesiastica causas quae respiciunt matrimonii vinculum et conjugum cohabitationem ut etiam sponsalium validitatem, **unice** cognoscet, civilibus matrimonii effectibus ad judicem saecularem remissis."

davon ist, dafs der Staat, welcher es unternimmt, das Ehewesen durch seine eigenen Gesetze zu ordnen, sein Gebiet überschreitet und in den Machtbereich der Alleinberechtigten, der Kirche, eingreift.

Dafs auch die Staatsgewalt ein Interesse an der Gestaltung des Eherechtes hat, bestreitet die Kirche nicht. Allein der Staat, als die der Kirche untergeordnete Macht,[1] mufs sich darauf beschränken, diejenigen Teile des Eherechts zu ordnen, welche die Kirche als aufserhalb ihres Kreises liegend betrachtet.[2] Es sind dies im wesentlichen die vermögensrechtlichen Folgen der Ehe. Über diese darf der Staat Gesetze erlassen und Verordnungen treffen; hier befindet er sich auf seinem Gebiet.[3] Was darüber hinausgeht ist Grenzüberschreitung.[4]

---

[1]) Vgl. Hergenröther, Lehrbuch 2. Abschnitt: „Die Kirche in ihrem Verhältnis zum Staat;" namentlich dessen Kap. 1, No. 4 über die „Superiorität der Kirche." S. 51 fg.

[2]) Leo XIII. Encycl. „Arcanum": „Item non ignorat (sc. ecclesia) neque diffitetur, sacramentum matrimonii, cum ad conservationem quoque et incrementum societatis humanae dirigatur, cognationem et necessitudinem habere cum rebus ipsis humanis, quae matrimonium quidem consequuntur sed in genere civili versantur: de quibus rebus jure decernunt et cognoscunt qui rei publicae praesunt."

Thomae Aquinatis, „Summa contra Gentiles" l. IV, super caput 78: „cum generatio humana ordinetur ad perpetuitatem speciei, ad perpetuitatem alicujus boni politici, puta populi in aliqua civitate atque ad perpetuitatem ecclesiae quae in fidelium collectione consistit: oportet ut hujusmodi generatio a diversis dirigatur."

[3]) Heiner, a. a. O. p. 28.

Ph. Hergenröther, S. 415 nennt als in die Zuständigkeit des Staates fallend den Erlafs von gesetzlichen Vorschriften über Vermögens-, und Standesrecht, Mitgift, Witweneinkommen, Erbrecht der Eheleute und Kinder.

[4]) In Übereinstimmung mit diesen Sätzen der Kirche befand

Es wurde in der Einleitung zu dieser Abhandlung gezeigt, daſs die Mehrzahl der europäischen Staaten im Widerspruch zu dieser katholischen Lehre es unternommen hat, eigene Gesetze über die Eheschlieſsung zu erlassen. Die verschiedenen Staaten haben je eine der möglichen drei Formen der bürgerlichen Eheschlieſsung ihren Staatsgesetzen zu Grunde gelegt. Jedes dieser Staatsgesetze muſs die katholische Kirche zurückweisen, weil es von einem unzuständigen Gesetzgeber ausgeht. Wenn man die katholische Anschauung in Erwähnung zieht, daſs die Kirche dem Staate übergeordnet ist, wenn man ferner bedenkt, daſs die Ehe nach katholischer Auffassung Sakrament ist, und die Verwaltung der Sakramente ausschlieſslich der Kirche zukommt, so sind die weitern Folgerungen durchaus richtige. Die Kirche wendet auch in der vorliegenden Frage den allgemeinen staatsrechtlichen Satz an, daſs jede Gewalt nur von ihrem rechtmäſsigen Inhaber innerhalb der ihr gezogenen Schranken ausgeübt werden darf und kann. Der Staat hat keinen Anteil an der Verwaltung der Sakramente, seine die Sakramente und also auch die Ehe betreffenden Gesetze überschreiten die ihm von Gott bezw. der Kirche gezogenen Grenzen. Ein gültiges Ehegesetz kann der Staat deshalb gar nicht erlassen. Selbst ein Gesetz, das als Staatsgesetz erlassen wird und nur als solches ver-

---

sich das Österreichische Konkordat vom 18. August 1855 (abgedruckt bei Nussi, Conventiones inter S. Sedem et civilem potestatem. Moguntiae 1870, p. 310 seq). Art. 10: „Quum causae ecclesiasticae omnes et in specie, quae . . . sacramenta respiciunt ad ecclesiae forum unice pertineant, easdem cognoscet judex ecclesiasticus, qui perinde de causis quoque matrimonialibus juxta sacros canones et Tridentina cumprimis 'decreta judicium feret, civilibus tantum matrimonii effectibus ad judicem saecularem remissis."

bindlich ist, im übrigen aber sich darauf beschränkt, den Inhalt der kirchlichen Vorschriften wiederzugeben, mufs nach dieser Auffassung als nichtig erscheinen, weil es eben gar nicht im Bereich der Zuständigkeit des staatlichen Gesetzgebers lag, über den betreffenden Gegenstand überhaupt Gesetze zu erlassen.[1] Der Staat soll sich nach katholischer Auffassung im Gebiete des Eherechts darauf beschränken, die an das Bestehen einer Ehe geknüpften vermögensrechtlichen Folgen zu ordnen.

Die angeführten grundsätzlichen Erwägungen sind es also, von denen geleitet die Kirche jedes nicht von ihr ausgehende Ehegesetz beurteilt. Ihre Stellung zu jedem Civilehegesetz ist deshalb eine durchaus abweisende.

Allein nicht nur die rein theoretischen Erörterungen sind es, welche einen lebhaften Kampf zwischen Staat und Kirche hervorgerufen haben. Es ist aber die Frage, ob Civilehe oder kirchliches Eheschliefsungsrecht keine blofs akademische. Zur Erläuterung dieses Satzes mufs nochmals auf die Frage der bürgerlichen Eheschliefsungsform überhaupt zurückgegriffen werden.

Die Annahme ist irrig, es beschränke sich das Ehegesetz des Staates lediglich darauf, eine neue Eheschliefsungsform aufzustellen.[2] Wohl ist bei der Einführung der Notcivilehe, wie der fakultativen und obligatorischen Civilehe der Endzweck der gewesen, denen,

---

Ebenso die Konvention zwischen dem heiligen Stuhl und Montenegro vom 18. August 1886 (abgedruckt in Verings Archiv LVIII, p. 26 fg. Acta S. Sedis XIX, 219 seq.), Art. 10: Die Ehesachen zwischen Katholiken, ausgenommen in dem, was die bürgerlichen Wirkungen betrifft, werden von dem Erzbischof von Antivari abgeurteilt."

[1]) Schulte a. a. O. in der Zeitschrift S. 25.
[2]) Schulte a. a. O. S. 37.

welche bei blofs konfessioneller Gestaltung des Eheschliefsungsrechtes eine Ehe gültig nicht eingehen können, die Möglichkeit zu verschaffen, dies vermöge eines Staatsgesetzes zu thun. Einen Hauptbestandteil jedes Civilehegesetzes bilden allerdings die Vorschriften, welche Förmlichkeiten beim Eheabschlufs zu beobachten sind. Allein der Staat kann niemals das Recht zur Ehe vollständig freigeben und jedem zur Eingehung einer Ehe verhelfen, dem dies beliebt. M. a. W. Auch der Staat hat Ehehindernisse aufzustellen. Und gerade die Frage der Ehehindernisse ist es, welche so grofsen Zwiespalt hervorgerufen hat zwischen Staat und Kirche. Der Staat, welcher eine rein bürgerliche Eheschliefsungsform vorschreibt, anerkennt keine Ehehindernisse, welche ihren Grund in dem religiösen Glaubensbekenntnisse haben.[1] Im direkten Gegensatz zu dieser Auffassung steht das Recht der Kirche. Diese letztere bestimmt selbständig,

---

[1]) Es sind also für das Gebiet des Staates beseitigt die impedimenta mixtae religionis und disparitatis cultus, das Ehehinderniss der geistlichen Verwandtschaft, des Cölibats. Auch der character indelebilis, den der Empfang der höhern Weihen oder die Ablegung eines feierlichen Gelübdes aufdrücken, bildet für den Staat kein Ehehinderniss.

In Österreich besteht allerdings das Ehehinderniss, das sich herschreibt vom character indelebilis dieser Personen trotz der Einführung der Notcivilehe auch für solche fort, welche blofs eine Civilehe eingehen können und wollen. Dies geht hervor aus einem Urteil des obersten östr. Gerichtshofs, abgedruckt in Verings Archiv XLVII, 306.

Vgl. auch Friedberg, Lehrbuch 357. Entscheidung des S. Officium über die Civilehe der Kleriker (in Verings Archiv XLVII, 24).

Th. Kohn, Verfällt ein Geistlicher der höhern Weihen, der eine Civilehe eingeht, ipso facto in die Strafe der Exkommunikation und verliert er auch ipso jure sein beneficium? (in Verings Archiv XLI, 390.)

ohne Mitwirkung einer andern Gewalt, die Merkmale, nach denen sich die Zugehörigkeit zu ihr beurteilt. Die Kirche geht bei allen ihren Satzungen von rein konfessionellen Gesichtspunkten aus. Von einem solchen Geiste getragen ist auch ihr Eherecht. Sein Ausgangspunkt bildet die Zugehörigkeit zur religiösen Glaubensgemeinschaft. Es ist deshalb natürlich, dafs Ehehindernisse aufgestellt werden, welche ihren Grund in dem betreffenden religiösen Glaubensbekenntnis haben.[1] Die Folge ist nun die, dafs Ehen vorkommen, welche der Staat als vollgültige, die Kirche als nichtige oder doch unerlaubte betrachtet.

Nur als Ausflufs ihres Rechtes erscheint es, wenn ferner Staat bezw. Kirche auch die gesetzliche Regelung der Eheverlöbnisse beanspruchen.[2] Auch in den der

---

[1]) Dafs die Kirche ein selbständiges Recht habe, Ehehindernisse aufzustellen und dafs sie bei dieser Aufstellung Unfehlbarkeit beansprucht, sagt schon Conc. Tridentinum sess. 24 de sacramento matrimonii can. 4: „Si quis dixerit, ecclesiam non potuisse constituere impedimenta dirimentia vel in iis constituendis errasse: anathema sit."

[2]) Pius VI. hat in der Bulle „Auctorem fidei" vom 22. August 1794 (abgedruckt in Bullarium Romanum IX, 395 fg.) die Beschlüsse der Synode von Pistoja verdammt, welche u. A. der Kirche das Recht absprach, über Verlöbnisse zu entscheiden. Der Papst sagt: „Propositio, quae statuit sponsalia proprie dicta actum mere civilem continere qui ad matrimonium celebrandum disponit, eademque civilium legum praescriptio omnino subjacere;

Quasi actus disponens ad sacramentum non subjaceret sub hac ratione juris ecclesiae;

Falsa, juris ecclesiae quoad effectus etiam e sponsalibus VI, canonicarum sanctionum profluentes laesiva, disciplinae ab ecclesiae constitutae derogans." Über die hier in Betracht kommenden geschichtl. Ereignisse vgl.

Ranke, Die römischen Päpste in den letzten vier Jahrhunderten 8. Aufl. (Leipzig 1885) III, S. 147.

Phillips, Lehrbuch S. 623.

Eheschliefsung vorangehenden Handlungen macht sich schon der Zwiespalt zwischen staatlichem und kirchlichem Ehegesetz bemerkbar. Was schliefslich die Ehegerichtsbarkeit betrifft, so ist zu bemerken, dafs dieselbe nicht blofs eine für sich abgesondert bestehende Folge ist der von der Kirche bezw. dem Staat beanspruchten Gesetzgebung über das Ehewesen. Die Ehegerichtsbarkeit erscheint als Teil der geistlichen Gerichtsbarkeit überhaupt. Diese letztere erstreckt die Kirche über alle die Rechtsgebiete, welche sie als rein kirchliche betrachtet und demgemäfs auch über das Ehewesen. Der Staat andrerseits hat vielfach unabhängig von der Gesetzgebung über die Ehe und dieser oft vorgängig die geistliche Gerichtsbarkeit überhaupt abgeschafft und seine weltlichen Gerichte als die allein zuständigen für seinen Bereich erklärt.[1] Es geschah dies gestützt auf die Justizhoheit des Staates. Damit wurde auch die Ehegerichtsbarkeit von den geistlichen Gerichten weg den weltlichen Gerichten übertragen. Wo dies noch nicht geschehen war, mufste es geschehen im Gefolge der Einführung der Civilehe.[2]

[1] Schweizerische Bundesverfassung 1874 Art. 58 Abs. 2: „Die geistliche Gerichtsbarkeit ist abgeschafft."

[2] So das Deutsche Reichsgesetz über die Beurkundung des Personenstandes und die Eheschliefsung vom 6. Februar 1875 § 76: „In streitigen Ehe- und Verlöbnissachen sind die bürgerl. Gerichte ausschliefslich zuständig. Eine geistliche oder eine durch die Zugehörigkeit zu einem Glaubensbekenntniss bedingte Gerichtsbarkeit findet nicht statt." Vgl. auch R. CPO. § 568.

Auch die weltlichen Gerichte Österreichs haben über Ehesachen abzuurteilen, allerdings nach dem konfessionellen Gesetz.

Die Kurie hält auch im Punkte der Ehegerichtsbarkeit an ihren Forderungen fest.

Conc. Tridentinum sess. 24 de sacramento matrimonii can. 12: „Si quis dixerit, causas matrimoniales non spectare ad

Denn es können rein geistliche Richter nicht verpflichtet werden, ihren Urteilen Rechtsnormen zu Grunde zu legen, welche sie als nichtige betrachten, wie dies die Rechtssätze über die bürgerliche Eheschliefsung sind.

Wir haben bis anhin gesehen, dafs die Kirche, von grundsätzlichen und praktischen Erwägungen geleitet, der Civilehe als solcher eine eheschliefsende Bedeutung nicht zulegt, im Gegenteil an ihrem Eherecht zäh festhält.[1] Allein da Staaten mit obligatorischer Civilehe ihre Eheschliefsungsform als die für das staatliche Gebiet allein gültige erklären und eine Verbindung von Mann und Weib erst dann als Ehe betrachten, wenn sie als solche vor ihrem Civilstandesbeamten eingegangen wurde, der kirchlichen Eheschliefsung aber für den Bereich des Staates die von ihr gewollten Folgen nicht beilegen, so sind die Verlobten gezwungen, die Ehe vor dem Civilstandesbeamten zu schliefsen. Und zwar mufs dies geschehen, wie oben dargethan wurde, bevor zur kirchlichen Trauung geschritten werden darf.

Es kann deshalb hier die Frage aufgeworfen werden, ob die vor dem Staatsbeamten abgegebenen Willenserklärungen als solche die Katholiken binden in der Weise, dafs sie sich, wenn nicht als Ehegatten, so doch als Brautlaute betrachten, auch wenn nur dieser staatlichen Förmlichkeit genügt wurde, und der zuständige

---

judices ecclesiasticos: anathema sit." Dazu erklärt Bellesheim im katholischen Kirchenlexikon von Wetzer & Welte IV, S. 184: unter causae matrimoniales seien nur die Ehesachen geistlicher Natur mit Ausschlufs der Vermögensrechte gemeint.

[1]) Es verdammt der Syllabus den Satz, thes. 71: „Tridentini forma sub infirmitatis poena non obligat, ubi lex civilis aliam formam praestituat, et velit hac nova forma interveniente matrimonium valere."

Pfarrer der Brautleute keine Kenntnis von ihrer Verlobung hatte. Die römische Kurie hat die in Betracht kommende Frage entschieden im Anschluſs an die Erörterungen über das Ehehinderniss der öffentlichen Ehrbarkeit (impedimentum publicae honestatis). Nach der Lehre der Kirche besteht ein Ehehinderniss, welches den einen Verlobten und die Blutsverwandten des andern umfaſst.[1] Leo XIII. hat erklärt, auf Antrag der Congregatio Concilii, daſs die Civilehe dieses Ehehinderniss nicht hervorbringt.[2] M. a. W. die durch die Civilehe als solche Verbundenen dürfen sich (gestützt auf die bestehende Civilehe) nicht einmal als Brautleute im Sinne der Kirche betrachten. Die Entscheidung der höchsten kirchlichen Lehrgewalt belegt aufs schlagendste die Behauptung, daſs über alle Gebiete des Eherechts (mit Ausnahme der Vermögensrechte) nur die Kirche allein

---

[1] Vgl. über dieses Ehehinderniss Schulte, Handbuch S. 179 fg.

[2] Leo XIII. in audientia diei 17 ejusdem mensis (Martii 1879) in vota S. Congregationis (Concilii) concedens, per praesens decretum declarat ac statuit, praemoratum actum, qui vulgo dicitur matrimonium civile . . . . impedimentum justitiae publicae honestatis non producere." (Abgedruckt in Verings Archiv XLIII, 118.) Dieser Entscheidung des Papstes gingen eingehende Untersuchungen der Cong. Concilii und ihrer Konsultoren voran. Der Bericht des Secretarius S. C. Concilii hierüber ist abgedruckt in Verings Archiv XLIII, p. 25 fg.

Bellesheim teilt a. a. O. XLII, p. 431 fg. den Inhalt der Berichte der einzelnen Konsultoren mit. Ferner betrifft diesen Gegenstand ein Aufsatz von Th. Kohn, Das canon. Ehehinderniss der Forderung der öffentlichen Ehrbarkeit und die Civilehe (in Verings Archiv XLI, p. 360 fg.). Aus allen diesen Erörterungen geht hervor, daſs die Ansicht der päpstlichen Behörden und katholischen Schriftsteller über den in Frage stehenden Gegenstand keineswegs zu allen Zeiten die gleiche war. Heute ist die Frage durch den Entscheid Leos XIII. entschieden für die katholische Litteratur.

berechtigt sein soll, Gesetze zu erlassen. Ein nichtiges Staatsgesetz kann auch keinerlei Wirkungen äufsern; die kirchlichen Vorschriften bleiben auch nach Erlafs eines Staatsgesetzes völlig unberührt.[1]

Die Antwort auf die Frage, welche Bedeutung denn die Kirche einer Civilehe als solcher beilege, kann nicht zweifelhaft sein, nachdem dargethan worden, dafs weder eine Ehe noch ein Verlöbniss die vor dem Standesbeamten abgegebenen Willenserklärungen zu bewirken vermocht haben. Die Civilehe ist in den Augen der Kirche eine Geschlechtsverbindung zwischen Mann und Weib, welche ohne Beobachtung der vom wahren Gesetze vorgeschriebenen Formen eingegangen wurde und besteht. Eine solche Verbindung ist ein Konkubinat. Und niemals hat sich die Kirche gescheut, dies offen auszusprechen.[2] Die mit dem Ansehen des Staates, nach dessen Gesetzen abgeschlossene Verbindung von Mann und Weib wird von Päpsten und den katholischen Lehrgewalten in übereinstimmender Weise als ungesetzlicher, fluchwürdiger und unsittlicher Konkubinat erklärt. Dem-

---

[1]) Nicht nur die Frage der Zuständigkeit war hierbei zu prüfen. Es kommt ferner noch in Betracht, dafs die Willenserklärung der Brautleute vor dem Civilstandsbeamten auf sponsalia de praesenti gehen, während sie — wollte man blofs ein Verlöbniss annehmen — die Wirkung von sponsalia de futuro haben würden. Benedikt XIV. nennt deshalb die nachmals auch von Leo verworfene Lehre eine „insania falsaque doctrina." (Bericht des Sekretärs der Cong. Conc.)

[2]) Pius IX. in der Allokution „Acerbissimum" vom 27. September 1852: „conjunctionem cujuscunque etiam civilis legis vi factam nihil aliud esse nisi turpem atque exitialem concubinatum." (Verings Archiv XIII, 342.)

Leo XIII. in prima sua encyclica 1878: „At postquam impiae leges sacramenti hujus magni religionem nil pensi habentes illud eodem ordine cum contractibus mere civilibus habuerunt id misere

gegenüber hat die Kirche es nicht unterlassen, die Gläubigen darauf hinzuweisen, welch schwere Strafen die im Konkubinate Lebenden treffen. Falls sich nämlich die in einer Civilehe, d. h. im Konkubinate Lebenden weigern, ihre Verbindung, wie das Kirchengesetz es erfordert, zu schliefsen und somit eine gültige Ehe einzugehen, so betrachtet die Kirche die einer solchen Verbindung entsprossenen Kinder als uneheliche. Die Eltern dieser unehelichen Kinder sind vom Empfang der Sakramente ausgeschlossen, sie können keine Patenstelle vertreten und werden, falls sie unbufsfertig sterben, nicht unter Mitwirkung der Kirche begraben.[1]

Die altkatholische Kirche steht in der Frage der Eheschliefsung auf einem grundsätzlich andern Standpunkte als die römisch-katholische Kirche. Schon der

---

consecutum est, ut violata christiani conjugii dignitate cives legali concubinatu pro nuptiis uterentur." (Roskovany l. c. IV, p. 67.)

Das Plenarkonzil der schottischen Bischöfe vom 17.—26. August 1886 sagt: „Sacerdos omnem operam dabit, ne quis commissi sibi gregis ignoret quam horriferum ecclesiae oculis sit scelus eorum, qui sanctitatis hujus sacramenti obliti cum scandalo gravissimo fidelium matrimonium coram magistratu civili vel ministro heterodoxo ... contrahere audent. (Mitgeteilt von Bellesheim im Archiv LXI, p. 233.)

[1]) Diese Bestimmungen finden sich in zahlreichen Erlassen. Vgl. im Einzelnen Instruktion des Bischofs von Culm vom 18. August 1874 (Roskovany III, 183), ferner Erklärung des Berliner Seelsorgeklerus vom 3. Oktober 1874 (a. a. O. III, 187). Vgl. Cong. Concilii vom 31. Juli 1867 (Verings Archiv XIX, p. 335).

Heiner a. a. O, S. 33.

Das Provinzialkonzil von Toulouse 1850 bestimmt: „Mandamus ac praecipimus sub excommunicationis poena omnibus, qui civili tantum matrimonio jungantur, ut quamprimum societatem suam canonico matrimonio faciant. Fideles moneant parochi de hac censura quotannis dominica tertia Quadragesimali."

2. Altkatholiken-Kongreſs (abgehalten in Köln 20. bis 22. September 1872) erklärte die allgemeine Einführung der obligatorischen Civilehe und die Übertragung der Führung der Civilstandesregister an bürgerliche Beamte für dringend notwendig.[1] Damit hatte der Kongreſs ausgesprochen, daſs die gesetzliche Ordnung des Ehewesens dem Staate zukomme. Als dann das deutsche bürgerliche Ehegesetz erschien, da kam es der altkatholischen Kirche nur noch zu, festzustellen, in welcher Weise die gültig geschlossene bürgerliche Ehe den Segen der Kirche bekommen solle. Denn sie anerkennt die Gültigkeit jeder vor dem Standesbeamten geschlossenen Ehe, versagt aber den kirchlichen Segen dann, wenn vorliegt das Ehehinderniss der Religionsverschiedenheit (impedimentum disparitatis cultus) oder des bestehenden Ehebandes (imped. ligaminis), d. h. wenn eines der Brautleute vom noch lebenden Gatten geschieden ist.[2] Auf dem Standpunkte der deutschen Altkatholiken stehen auch ihre Glaubensgenossen in andern Ländern.

Das Eheschlieſsungsrecht der römisch-katholischen Kirche ist heute im allgemeinen das vom Trienter Konzil aufgestellte. Die trident. Ehevorschrift, wie sie niedergelegt ist in dem oben angeführten Decretum de reformatione matrimonii (Dekret „Tametsi") gilt heute noch überall da, wo sie verkündet und nicht seither aus irgend einem Grunde beseitigt worden ist. Die Kirche ist bestrebt, ihr

---

[1] Die Beschlüsse dieses Kongresses sind abgedruckt in
Schulte, Der Altkatholizismus. Geschichte seiner Entwickelung, innern Gestaltung und rechtlichen Stellung in Deutschland. (Gieſsen 1887) S. 25—39, vgl. namentlich S. 37 IV.

[2] Vgl. die „Vorschriften über die Einsegnung der Ehe und die Führung der Kirchenbücher" bei Schulte, Altkatholizismus, S. 622 fg.

Schulte, Lehrbuch des Kirchenrechts (Gieſsen 1886) S. 352.

trident. Eherecht zu einem allgemeinen, die ganze Christenheit verpflichtenden Rechte zu machen. Es hat deshalb Pius IX. den amerikanischen Bischöfen ihre Bitte abgeschlagen, von der allgemeinen Verkündigung des Dekretes in Amerika Umgang nehmen zu wollen.[1] Das Dekret „Tametsi" bestimmt nämlich in seinen Schlufssätzen, dafs es, um gültig zu sein, der Verkündigung in jeder einzelnen Pfarrei bedarf. Und zwar soll die trident. Ehevorschrift dort, wo sie ordnungsgemäfs verkündet worden ist, in Kraft treten nach Ablauf von 30 Tagen seit dem Tage ihrer erstmaligen Verkündigung in der einzelnen Pfarrei.[2] Mit dem Erlafs dieser Bestimmung wollte das Konzil den Protestanten entgegenkommen. Denn noch immer hoffte die katholische Kirche, die Abgefallenen in ihren Mutterschofs zurückführen zu können. Stellte aber die Kirchenversammlung ein Ge-

---

[1] Verings Archiv XXII, S. 189. Das III. Plenarkonzil von Baltimore (9. November bis 7. Dezember 1884) hat alsdann bestimmt: „Auf die Eingehung einer solchen Scheinehe (sc. Civilehe) wird die ipso facto eintretende, dem Bischof vorbehaltene Excommunication gesetzt." (Mitgeteilt von Bellesheim im Archiv LVII, S. 79.)

Das bereits angeführte Konkordat mit Columbia 13. Dez. 1887 bestimmt in Art. 17: „Ut matrimonium eorum omnium qui catholicam religionem profitentur effectus civiles quoad contrahentium prolisque personas et bona progignat, juxta formam a Concilio Tridentino praescriptam contractum esse oportebit."

[2] Conc. Trident. decretum „Tametsi". „Ne vero haec tam salubria praecepta quemquam lateant, ordinariis omnibus praecipit, ut quam primum potuerint, curent hoc decretum populo publicari ac explicari in singulis suarum dioecesum parochialibus ecclesiis, idque in prima anno quam saepissime fiat deinde vero quoties expedire viderint. Decernit insuper ut hujusmodi decretum in unaquaque parochia suum robur post triginta dies habere incipiat, a die primae publicationis in eadem parochia factae numerandos."

setz auf, dem alle Getauften ohne Unterschied unterworfen waren, dann hätten die Ehen der Evangelischen als Konkubinate angesehen werden müssen, weil sich die Protestanten von der Beobachtung der Kirchengesetze losgesagt hatten. Wollte man den Abgefallenen die Rückkehr zur Kirche nicht erschweren, so mufste auch die zu erlassende Ehevorschrift auf die örtlichen Verhältnisse möglichst Rücksicht nehmen. Dort nämlich, wo die Evangelischen bereits eigene Pfarreien[1] hatten, konnte von einer Verkündigung der Konzilsvorschrift keine Rede sein. Es wurden dort Ehen gültig auch ohne Beobachtung einer bestimmten Form geschlossen. Doch wurde das Dekret „Tametsi" vielerorts auch ohne besondere Verkündigung durch observanzmäfsige Übung das geltende Eheschliefsungsrecht der Katholiken.[2] An manchen Orten kam die trident. Ehevorschrift wieder aufser Übung und wurde so beseitigt.[3] Es gibt daher kein einheitlich

---

[1]) Mit Recht weist Hübler, Eheschliessung und gemischte Ehen in Preufsen (Berlin 1883) S. 16 darauf hin, dafs vom katholischen Standpunkt aus die Annahme besonderer protestantischer Pfarreien eine Inkonsequenz ist. Die ganze Streitfrage, ob die Protestanten allgemein dem Dekret Tametsi unterworfen seien, wird unten erörtert werden.

[2]) Es mufs die Ehevorschrift aber, um die Nichtigkeit der in andrer Weise eingegangenen Ehen zu bewirken, verkündigt worden sein als das vom Trienter Konzil beschlossene Dekret. So sagt der Bischof von St. Gallen 1878 in einer Anfrage an die Cong. Conc., das Dekret sei in seinem Bistum verkündigt worden „nequidem quasi merum synodale statutum sed tamquam legem auctoritate S. Concilii Tridentini latam" (abgedruckt in Verings Archiv XLI, 178).

[3]) So sagt die Congreg. Concilii am 27. Januar 1872 (Acta S. Sedis VII, 49), die trid. Vorschriften gelten nicht „quatenus eorum inobservantia localem tandem legem canonice vicerit."
Heiner a. a. O., S. 164.

zusammengesetztes Geltungsgebiet des Dekrets „Tametsi".[3] Im allgemeinen darf allerdings angenommen werden, dafs in den Ländern, in welchen die Reformation nie Fufs fafste, die trident. Ehevorschrift das geltende Eheschliefsungsgesetz bildet. Im einzelnen ist aber in den Pfarreien genau zu untersuchen, ob das Dekret verkündet worden und noch in Kraft ist oder nicht.

Wo das Dekret „Tametsi" nun aus irgend einem Grunde nicht gilt, da besteht noch der alte, vortridentinische Rechtszustand,[4] d. h. Ehen, denen kein anderes trennendes Ehehindernis entgegensteht, werden dort gültig, wenn auch unerlaubt, geschlossen durch die blofse in genügend erkennbarer Weise zu Tage getretene Willenseinigung der Brautleute. Auch die Erklärung vor dem Civilstandesbeamten, eine Ehe schliefsen zu wollen, genügt diesen Erfordernissen. Es können also an Orten mit dem vortrident. Rechtszustand Civilehen der äufsern Form nach auch kirchlich gültige Ehen sein.

Aber nur der äufsern Form nach. Es steht fest, dafs das Trienter Konzil am Sakrament der Ehe nichts geändert hat. Zum gültigen Empfang des Sakramentes wird neben Form und Materie verlangt, dafs in der Per-

---

Phillips a. a. O. S. 648.

[3]) Über das Geltungsgebiet der Trienter Ehevorschrift siehe Leinz, Der Ehevorschrift des Concils von Trient Ausdehnung und heutige Geltung (Freiburg i. Br. 1888), namentlich die tabellarische Übersicht S. 80—83 und S. 93—98.

[4]) Instructio S. Congregationis de propaganda fide d. d. 17. Januar 1821 (Acta S. Sedis VI, 446 seq.): In locis in quibus publicatum non est Tridentinum decretum „Tametsi" vel in facto non servatur ut Tridentini decretum matrimonia inter fideles gubernari juxta vetus ecclesiae jus."

Ph. Hergenröther, Lehrbuch, S. 423.

son des Spenders (minister sacramenti) vorhanden sei die Absicht, mit der Spendung das zu thun, was die Kirche damit zu thun beabsichtigt (intentio faciendi id quod facit ecclesia). Es bestehen bei jeder Eheschliefsung nicht nur Erfordernisse, welche das äufsere Thun der Eheschliefsenden bestimmen, sondern auch solche, welche im Gewissen binden. Die von der Kirche vorgeschriebenen Förmlichkeiten bei Eingehung einer Ehe sollen nur dazu da sein, die Vorgänge im Gemüte der Eheschliefsenden rein äufserlich zum Ausdruck zu bringen. Ersetzen können aber äufsere Handlungen die unbedingt erforderlichen inneren Vorgänge nicht. Es ist deshalb das Sakrament nicht zur Entstehung gekommen, wenn die Erfüllung der kirchlichen äufsern Förmlichkeiten sich nicht deckt mit der innern, allein wahren Gesinnung der Sakramentsspender.[1] Nach der herrschenden Ansicht der Kirche spenden sich nun die Eheschliefsenden das Sakrament der Ehe selbst.[2] In ihren Personen mufs also die geeignete Willensrichtung vorhanden sein.

Dieses Erforderniss bringt keineswegs einen einzig bei

---

[1]) Entscheidung der Congreg. Concilii d. d. 2. März 1885 (Acta S. Sedis XVIII, 14 seq.) in causa Parisiens: Ad matrimonii validitatem requiri contrahentium consensum externum et internum; hinc minime existere posse matrimonium per simulatum consensum etsi expressum externe verbis et signis."

Phillips a. a. O. S. 647 und 648.

Die Frage, ob die „verba expressa" den „consensum internum" zum Ausdruck gebracht hätten, wurde aufgeworfen bei Anlafs der Ehescheidung Napoleons I. Der Kaiser bestritt damals diese Übereinstimmung. Zu vergleichen hierzu Henri Welschinger, Le divorce de Napoleon (Paris 1889). Namentlich die p. 257—319 „Pièces justificatives" des Buches und das Cap. 6 p. 99 fg., welches die dem geistlichen Gericht unterbreiteten Schriftstücke mitteilt.

[2]) Die Beweise für diese Behauptung sind schon oben angeführt worden bei Anlafs der Erörterung des Erfordernisses, dafs

den Sakramenten zur Anwendung kommenden Grundsatz zur Geltung. Die katholische Kirche will nicht nur das äufsere Thun und Lassen der Menschen ihren Gesetzen unterworfen wissen, sie beansprucht auch die Gerichtsbarkeit über die Gesinnung, die rein seelischen Vorgänge eines Gläubigen (forum internum). Allein die Erforschung des Gewissens eines Menschen, ob bei der Erfüllung jeder von der Kirche vorgeschriebenen Förmlichkeiten in ihm auch die wahre innere Gesinnung vorhanden gewesen sei, kann nicht in der Weise stattfinden, dafs man die Prüfung jeder einzelnen kirchlichen Handlung des Gläubigen auch auf die Wahrheit der bei Vollziehung derselben äufserlich bekundeten Gesinnung erstreckt. Es mufs angenommen werden können, der Gläubige wolle durch die Erfüllung bestimmter Formen auch dem diesen letztern zu Grunde liegenden Sinn Ausdruck geben. Dies gilt in besonderem Mafse, auf unsern Fall angewendet, dann, wenn die dem Dekret „Tametsi" unterstehenden Brautleute ihre Ehe vor Pfarrer und Zeugen geschlossen haben. Wo aber das trident. Recht nicht gilt, die Brautleute vielmehr eine giltige Ehe auch ohne Beobachtung einer bestimmten Form eingehen können, da ist das Vorhandensein der nötigen Willensrichtung nur schwer festzustellen. An solchen Orten besteht keine kirchliche Vorschrift, deren Nichtbeachtung Nichtigkeit der Ehe nach sich ziehen würde, wohl aber ein staatliches Eheschliefsungsgesetz, das diese Wirkung äufsert. Die Kirche verpflichtet die Brautleute dort nicht unbedingt, ihre Ehe in einer bestimmten Form

---

die Anwesenheit des Pfarrers unter bestimmtem Voraussetzungen zum Zustandekommen der Ehe nicht nötig ist.

Vgl. auch K. Hase, Handbuch der protest. Polemik gegen die römisch-katholische Kirche. 4. Aufl. (Leipzig 1878), über „intentio" S. 349—352.

zu schliefsen, wohl aber der Staat. Die Frage ist nun die: Kann vermutet werden, dafs die Verlobten durch die Erklärung vor dem Civilstandsbeamten, eine Ehe schliefsen zu wollen, nicht nur die vom Staate verlangten Vorschriften haben erfüllen wollen, sondern zugleich auch eine wahre, kirchlich giltige Ehe zu schliefsen beabsichtigt haben?[1]

Es müssen, um die einzelne Ehe als kirchlich gültige oder nichtige von vornherein zu erkennen, Rechtsvermutungen aufgestellt werden, welche bei der Unsicherheit der Beweise in die Lücke treten. Dies kann jedoch natürlich nur geschehen zu Gunsten der Ehen, welche geschlossen werden an Orten, an denen die trident. Ehevorschrift nicht in Kraft ist. Denn an den andern Orten ist die Ehe schon von vornherein nichtig wegen eines Formmangels.

Nachdem festgestellt wurde, dafs die Frage überhaupt nur aufgeworfen werden kann mit Rücksicht auf einen ganz bestimmten Kreis von Ländern bezw. Ortschaften, mufs andrerseits noch geprüft werden, ob auch nur im Hinblick auf einen bestimmten Kreis von Menschen, die Katholiken nämlich, dieselbe ein praktisches Interesse hat.

Zu ihrer Lösung müssen grundlegende Glaubenssätze der Kirche mit zur Betrachtung herangezogen werden. „Jeder, welcher die Taufe empfangen hat, gehört in irgend einer Beziehung und auf irgend eine Weise, gehört sage ich, dem Papst an," schrieb Pius IX.

---

[1]) Die Frage kann auch so gestellt werden: unter welchen Umständen ist die Civilehe als heimliche Ehe im Sinne der Kirche anzusehen? Heimliche Ehen waren vor dem Tridentinum wahre, wenn auch unerlaubte Ehen. Unter denselben Voraussetzungen müssen es deshalb auch die in der staatlich vorgeschriebenen Form eingegangenen Ehen sein an Orten in dem vortrident. Rechtsgebiet.

am 7. Aug. 1873 an den deutschen Kaiser Wilhelm I.[1] Der Papst hat mit diesen Worten einem Grundsatz Ausdruck gegeben, welcher als erster der Kirche gelten muſs. Nicht nur die Katholiken nämlich sind zur Beobachtung der von der römischen Kirche erlassenen Gesetze verpflichtet, alle Getauften sind es in gleicher Weise. Denn durch die Taufe wird dem Täufling ein durch nichts zu beseitigendes Merkmal aufgedrückt, die Zugehörigkeit zur christlichen Kirche.[2] Auch das von einem Ketzer gespendete Sakrament der Taufe ist gültig in den Augen der römischen Kirche.[3] Der Getaufte tritt vom Augenblick der Taufe an in die christliche

---

[1]) Der Brief des Papstes und das Antwortschreiben des Kaisers sind in deutscher Übersetzung abgedruckt bei Zorn, Lehrbuch S. 198 und 199. — Den klassischen Ausdruck hat diese Lehre der Kirche gefunden in der Bulle „Unam sanctam" des Papstes Bonifaz VIII. (c. 1 Extrav. comm. 1, 8), deren Schluſsworte lauten: „Porro subesse Romano Pontifici omni humanae creaturae declaramus, dicimus, diffinimus et pronunciamus omnino esse de necessitate salutis."

[2]) Conc. Trident. sess. VII, de sacramento in genere can. 9: „Si quis dixerit, in tribus sacramentis, baptismo scilicet, confirmatione et ordine, non imprimi characterem in anima, hoc est signum quoddam spirituale et indelebile, unde ea iterari non possunt: anathema sit."

Conc. Trident. sess. ead. de baptismo can. 7: „Si quis dixerit, baptizatos per baptismum ipsum solius tantum fidei debitores fieri, non autem universae legis Christi servandae: anathema sit."

can. 8: „Si quis dixerit, baptizatos liberos esse ab omnibus sanctae ecclesiae praeceptis, quae vel scripta vel tradita sunt, ita ut ea observare non teneantur, nisi se sua sponte illis submittere voluerint: anathema sit."

[3]) Conc. Trid. sess. ead., l. c. can. 4: „Si quis dixerit, baptismum, qui etiam datur ab haereticis in nomine Patris et Filii et Spiritus sancti cum intentione faciendi quod facit ecclesia, non esse verum baptismum: anathema sit."

Kirche ein. Die christliche Kirche aber in der Auffassung der römischen Kirche ist die katholische Kirche, und nur sie allein. Diese letztere ist, nach dieser Auffassung, nicht **eine** christliche Kirche, sondern **die** Kirche.[1] Ihren Geboten bezw. denjenigen ihres Oberhauptes sind deshalb **alle** Getauften ohne Ausnahme unterworfen, also auch die Ketzer.[2] Diese letztern haben sich nun zwar von der allein wahren Kirche getrennt und leben befangen in Irrlehren. Ihre Lostrennung vom Leibe der Kirche haben sie vollzogen dadurch, daſs sie ein kirchliches Verbrechen, die Ketzerei, begingen. Das Begehen eines Verbrechens kann aber nie ein rechtlich anerkannter Grund sein, der von der Beobachtung der Gesetze entbindet.[3] Die Ketzer sind deshalb in gleicher Weise den Satzungen der Kirche zum Gehorsam ver-

---

[1]) Die Bulle „Unam sanctam" beginnt: „Unam sanctam ecclesiam catholicam et ipsam apostolicam urgente fide credere cogimur et tenere, nosque hanc firmiter credimus et simpliciter confitemur extra quam nec salus est nec remissio peccatorum."

[2]) Congreg. Conc. (in causa Friburg.) d. d. 1. Dezember 1866 (Acta S. Sedis II, 617 seq.): „Haeretici enim sacro abluti baptismate characterem indelebilem divinae filiationis... praeseferentes, quamvis ab abore vitae suae culpa divulsi, ecclesiae potestatem declinare non possunt, quae ad eos omnes sese potest extendere, qui Christi Domini perpetuo charactere sunt signati."
Vgl. Perrone (S. J.) l. c. II, p. 200.

[3]) Verricelli weist darauf hin (Richter-Schulte l. c. 320): „Haereticus subjectus est jurisdictioni ecclesiae, nequit enim ab ejus jurisdictione contumacialiter se eximere, cui jure divino subjicitur per baptismum, ergo Papae subjectus est ceterisque superioribus Papae subordinatis. . . . neque contumacia haeretici potest eum a parochi jurisdictione eximere, alioquin ex delicto commodum reportaret."
Vgl. Hübler a. a. O. S. 17. Hergenröther a. a. O. 104.

pflichtet wie die Katholiken. Insbesondere findet die trident. Ehevorschrift auch auf sie Anwendung.[1] Daraus folgt, dafs auch die Civilehen der Ketzer an Orten, wo das trident. Recht gilt, von der Kirche als gültige Ehen nicht anerkannt, sondern als null und nichtig betrachtet werden.[2]

Dies strenge Recht mufste gemildert werden zu Gunsten von Ketzerehen in Gegenden, in denen die katholische Kirche nicht die von ihr verlangte Freiheit hat, sondern wo die Ketzerei ungestraft herrscht. Es verdanken diese Milderungen ihr Bestehen dem Bestreben der Kirche, nicht durch schroffes Auftreten sich Schaden zuzufügen, sondern den bestehenden Verhältnissen sich anzupassen. Besonders wichtig und vorbildlich für eine Reihe anderer Erlasse ist geworden derjenige Bene-

---

[1]) Dies die herrschende Ansicht der Kirche. Gegen Leinz vertritt Vering (in seinem Archiv LXI, p. 213) den Standpunkt, dafs das trid. Gesetz nur jene verbinde, welche von demselben Kenntniss erhalten hätten. Dies treffe im allgemeinen bei den Protestanten nicht zu. Diese Ansicht verstöfst jedoch gegen die (im Texte entwickelte), welche geltend macht, dafs ein Verbrechen dem Verbrecher (Ketzer) keinen Nutzen bringen soll.

Verings Ansicht teilt auch der derzeitige Bischof v. St. Gallen A. Egger, „Die angebliche Intoleranz der katholischen Kirchendisziplin." (Einsiedeln 1889) S. 5 und 6.

[2]) Congr. Conc. d. d. 27. Juli 1872. (Acta S. Sedis VII, 49 fg.): „Colliges demum haereticos qui degant in locis, ubi publicatum est Tridentinum decretum „Tametsi" matrimonium contrahere debere juxta Tridentini leges coram proprio alterutrius sponsi parocho si velint valide contrahere."

Es bezeugt dies ferner ausdrücklich die bei Richter-Schulte l. c. 297 abgedruckte Entscheidung: „Haereticos quoque, ubi decretum dicti cap. est publicatum, teneri talem formam observare, et propterea istorum etiam matrimonia absque forma Concilii quamvis coram ministro haeretico vel magistratu loci contracta, nulla esse atque irrita."

dikts XIV. zu Gunsten der gemischten und protestantischen Ehen in Holland und Belgien 1741.[1] Danach sind Ketzerehen, mithin auch ketzerische Civilehen, gültig, auch wenn die trident. Form nicht beobachtet wurde.

Folgerichtig wäre es nun, diesen vom Papste ausdrücklich anerkannten Ehen diejenigen gleichzustellen, welche an Orten eingegangen wurden, an welchen das trident. Recht nicht verkündet worden. Allein die Kurie hat die Beantwortung der Frage nach der Gültigkeit akatholischer Ehen allgemein überhaupt nicht aufgenommen.[2]

---

[1]) Declaratio cum instructione super dubiis respicientibus matrimonia in Hollandia et Belgio contracta et contrahenda d. d. 4 Nov. 1741; abgedruckt in Bullarium Benedicti XIV, tom. I, 87 seq., ferner bei Richter-Schulte l. c. 324 fg.

Hübler a. a. O. S. 85—89.

Eine deutsche, kirchlich genehmigte Übersetzung gibt Petz a. a. O. S. 284 und 285.

Über den Sinn der Erlasses hat sich ausgesprochen Benedikt XIV. „De synod. dioeces." lib. VI, cap. 6. Die sog. Benediktina sagt: „ ... matrimonia in dictis foederatis Belgii provinciis inter haereticos usque modo contracta quaeque imposterum contrahentur etiamsi forma a Tridentino praescripta non fuerit in iis celebrandis servata, dummodo aliud non obstiterit canonicum impedimentum, pro validis habenda esse."

Eine Übersicht der Länder, auf welche die Benediktina in der Folgezeit ausgedehnt wurde, gibt Leinz a. a. O. S. 54—57. Vgl. auch Hübler a. a. O. S. 20 und 21 und die Anlagen S. 89 fg.

Unzulässig ist es, die Benediktina ohne weiteres auszudehnen auf Gebiete, in denen die Verhältnisse ebenso liegen, wie damals in Holland und Belgien. Vgl. darüber:

Phillips a. a. O. S. 715.

[2]) Dies bezeugt die Benediktina und gilt noch heute: „nihil ad huc generatim et universe super. ejusmodi matrimoniis (sc. ab haereticis inter se celebratis) fuisse ab apostolica sede definitum." Es wird allerdings dies gesagt im Hinblick auf die Ketzerehen, welche nicht in der vorgeschriebenen trid. Form einge-

Solange die Lehre der Kirche nämlich an dem Erforderniss der zum gültigen Zustandekommen einer Ehe vorhandenen Willensrichtung (intentio) festhält, ist dieser Schlufs begreiflich. Denn es darf billig bezweifelt werden, ob der Protestant, der in manchen Punkten eine von der katholischen Lehre abweichende Auffassung vom Wesen der Ehe hat, dem Erfordernisse genügt.[1] Dafs auch die Kirche sich diesen Erwägungen nicht verschliefst, beweist ihre Bestimmung, dafs im Falle des Übertritts beider Eheleute zur katholischen Kirche die Gatten vor dem Pfarrer nochmals die Erklärung, ehelich verbunden zu bleiben, abgeben müssen.[2] Würde einerseits die Kirche die von der Beobachtung der trident. Vorschrift entbundenen akatholischen Ehen als unzweifelhaft vollgültige betrachten, dann läge kein Grund vor, die Erneuerung der Willenserklärung zu verlangen. Andrerseits aber würde im Falle der gänzlichen Nichtanerkennung dieser Ehen der Übertritt zur Kirche den Ehegatten den Vorteil bringen, dafs sie ihre bisherige Verbindung als aufgehoben betrachten könnten. Um nun einmal das Vorhandensein einer auch kirchlich gültigen Ehe in unbedingt sicherer Form zu beweisen, wird die

---

gangen worden. Allein der päpstl. Erlafs führt vorher an, dafs „in casibus quibusdam particularibus et attentis tunc expositis circumstantiis S. Cong. Conc. pro eorum invaliditate respondisse." Daraus erhellt, dafs je nach den Umständen über die Gültigkeit der einzelnen Ehe entschieden wird.

[1]) Es kommt namentlich auch die Frage nach der Unlöslichkeit des Ehebandes in Betracht.

[2]) Benedikt XIV. synod. dioeces. lib. VI, cap. 6, no. 6: „ita ut si ambo conjuges ad catholicam religionem convertantur, contracti matrimonii vinculo adstricti remaneant, absque eo quod coram catholico parocho renovare consensum obligentur; si vero alter eorum convertatur, altero in haeresi permanente, neutri fas sit ad alias nuptias transire."

Erneuerung der Willenserklärungen vor dem Pfarrer verlangt. Um auf der andern Seite aber die Rückkehr zur Kirche nicht als geeignetes Mittel zur Ehescheidung zuzulassen, wird bestimmt, dafs die bisher Verbundenen auch weiter sich als gebunden betrachten müssen.[1]

Auch zu Gunsten der gemischten Ehen hat die Kurie für ganz bestimmte Ländergebiete gewährt, dafs die blofs in der Form der Civilehe eingegangenen Ehen auch kirchlich gültig sein sollen.[2] Davon mufs unterschieden werden die Frage nach der Gültigkeit gemischter Ehen überhaupt. Sie ist an dieser Stelle nicht zu beantworten.[3] Es kommt hier ausschliefslich das für ge-

---

[1] Perrone l. c. II, 245.

[2] So namentlich die Benediktina: „At si forte aliquid hujus generis Matrimonium Tridentini forma non servata ibidem contractum jam sit, aut imposterum (quod Deus avertat) contrahi contingat: declarat Sanctitas Sua matrimonium hujus modi alio non concurrente canonico impedimento, validum habendum esse."

[3] Dafs auch die gemischten Ehen, um gültig zu sein, in der kirchl. Form abgeschlossen sein müssen, bedarf nach allem, was vorher gesagt wurde, keines Beweises. Es mag hier nur hingewiesen werden auf die Konvention zwischen dem heil. Stuhl und Montenegro 18. August 1886. Art 9: „Die Regierung anerkennt die Gültigkeit der Ehen zwischen Katholiken und der gemischten Ehen, die in Gegenwart des katholischen Pfarrers gemäfs den Gesetzen der Kirche geschlossen werden."

Cong. Conc. (in causa Freiburg) 1. Dezember 1866 (Acta S. Sedis II, 617 seq.): „Certum esse penes apostolicam Sedem principium: matrimonia mixta aut haereticorum ad normam Tridentini non contracta, ubi decretum „Tametsi" publicatum est et viget, nulla generatim esse."

Hergenröther a. a. O. S. 442.

Decretum Cong. Inquisitionis d. d. 6. September de matr. mixt. in dioeces. Gnesn. et Posn. coram magistratu civili tantum contractis (Verings Archiv XXXIX, S. 371):

„Quapropter matrimonia sic contracta quamvis conditiones

mischte Ehen geltende Eheschliefsungsrecht in Betracht. In diesem Falle sind solche gemischte Ehen anzusehen als heimliche Ehen, welche dem Dekret „Tametsi" nicht unterworfen sind. Es wird dann vermutet, dafs die beiden Eheschliefsenden auch den auf die Spendung des Sakraments hinzielenden Willen gehabt haben.

Wird zu Gunsten von gemischten Ehen diese Rechtsvermutung aufgestellt, so ist es nur folgerichtig, wenn man auch die Ehen zwischen Katholiken derselben Rechtsvermutung teilhaftig werden läfst und demgemäfs annimmt, dafs zwei dem Dekret „Tametsi" nicht unterstehende Katholiken[1] die so wichtige Eheschliefsungshandlung im Sinn und Geist der Kirche vorgenommen haben, auch wenn sie nicht vor Pfarrer und Zeugen ihre Willenseinigung erklärt haben.

---

quae a S. Sede apponi solent in dispensationibus super impedimenta mixtae religionis adimpletae in antecessum a conjugibus non fuerint, dummodo constet de mutuo eorum consensu, iterari in ecclesiam non debent. Cum parte autem catholica procedendum est juxta veterem instructionem circa matrimonia mixta sine praevia dispensatione S. Sedis coram ministro acatholico contracta."

S. Cong. Inq. 6. September 1876. „Ad quaestionem, an matrimonia mixta post introductionem matrimonii civilis obligatorii in ditione Borussia coram magistratu civili tantum contracta ut valida reputanda sint, S. Cong. Inq. respondit: ... matrimonia hujusmodi in iisdem dioecesibus Gnesn. et Posn. etsi illicita habenda tamen esse uti valida."

Phillips a. a. O. S. 717.

Swientek, Die Folgen der Civilehe im neuen deutschen Reiche (Verings Archiv XLV, 302).

[1]) Zu beachten ist, dafs die Benediktina auf reinkatholische Ehen nicht ausgedehnt worden ist. Denn, sagt Benedikt XIV. „de synod. dioeces." lib. VI cap. 6, responsum facile est, et dicta matrimonia in decreto nequaquam comprehendi et extensionem, quae petebatur absurdam et mali exempli futuram".

Folgerichtig ist diese Ansicht,[1] wenn man nur die rein formellen Gesichtspunkte im Auge hat. Allein es stehen derselben gewichtige Bedenken entgegen. Auch die der trid. Ehevorschrift nicht unterstehenden Katholiken sollen, so wünscht es die Kirche, ihre Ehen im Angesicht der Kirche eingehen und nicht ohne den Segen der letztern in den Ehestand treten. Durch die Einführung der obligatorischen Civilehe hat nun der Staat seinen Zuständigkeitsbereich überschritten nach kirchlicher Auffassung. Die Kirche steht deshalb solchen Gesetzen feindlich gegenüber. Der gläubige Katholik hat es aber in seiner Hand, jeden Zweifel darüber auszuschliefsen, ob er nur eine Civilehe hat schliefsen wollen oder eine christliche Ehe. Dadurch, dafs der Katholik nämlich nach erfolgter Civiltrauung auch der kirchlichen Vorschrift Genüge thut, hat er über seine Gesinnung jeden Zweifel behoben. Allein es ist zuzugeben, dafs, da die Frage in erster Linie eine die Form betreffende ist, durchaus richtig der Schlufs gezogen werden kann, wo das trident. Dekret nicht verkündigt worden, schliefse die in irgend einer Weise kundgegebene Willenserklärung der Brautleute die Ehe, und folglich auch ihre Erklärung vor dem Civilstandsbeamten.

Die bisherigen Erörterungen suchten das grundsätzliche Verhältniss von katholischer Ehe und Civilehe darzustellen. Grundsätzlich verwirft die Kirche das Civil-Ehegesetz. Allein mit dem blofsen Bestreiten des Standpunktes des Staates ist es nicht abgethan. Der Staat ist es, der kraft seiner Souveränetät das ausschliefs-

---

[1] Es ist dies die schon entwickelte Ansicht der Kurie. Dagegen namentlich zu vergleichen
Hirschel, Drei Fragen über die Civilehe (in Verings Archiv XL, 193 fg.).
Vgl. auch Hergenröther a. a. O. S. 424, Anm. 1.

liche Recht für sich in Anspruch nimmt, zu entscheiden, wann eine Ehe vorliege und demgemäfs, wann die an das Bestehen einer Ehe geknüpften Folgen eintreten. Diesen Ansprüchen mufs die Kirche Rechnung tragen, wenn sie von ihren Gläubigen den Eintritt von Nachteilen abwehren will.

Es hat sich die Kirche deshalb der Einsicht nicht verschlossen, dafs es in „gewissem Sinne" Pflicht des Unterthanen sei, der staatlichen Eheschliefsungsform nachzukommen, wie Lehmkuhl (S. J.) sagt. „**Diese Pflicht**", fährt der genannte Jesuit fort,[1] „**leitet sich nicht so fast her aus dem der Obrigkeit im Gewissen schuldigen Gehorsam — weil nämlich nach der Überzeugung der katholischen Kirche eine Kompetenzüberschreitung in der Sache selbst vorliegt, so kann sie auf eine Gewissenspflicht der Sache an und für sich wegen nicht erkennen — aber sie leitet sich her aus der Pflicht, für sich und seine Nachkommen die übeln Folgen zu vermeiden, welche mit der Nichtbefolgung jener Gesetze verbunden wären.**" Dies ist mit aller Schärfe ausgedrückt der Standpunkt der katholischen Kirche. „Temporum ratione habita" wird das strenge Recht gemildert.

Die Praxis der römischen Kurie betreffend diesen Gegenstand ist nicht allein niedergelegt in den neueren Erlassen über das Verhalten der Katholiken zur **obligatorischen** Civilehe. Die Einführung der **fakultativen** Civilehe (Trauung durch den protestantischen Geistlichen oder bürgerlichen Beamten) in Holland und Westfriesland hat dem Papste Benedikt XIV. den Anlafs

---

[1] In Wetzer und Weltes Katholischem Kirchenlexikon III, S. 396.

gegeben zu seinem Breve „Redditae sunt nobis" vom 17. September 1746.[1] Der Papst bestimmt darin,[2] dafs die dem Tridentinum unterworfenen Katholiken, um der religiösen Trauung durch den akatholischen Religionsdiener zu entgehen, ihre Ehen vor dem Staatsbeamten bürgerlich schliefsen könnten. Allein dies solle nur geschehen, um der Obrigkeit den schuldigen Gehorsam zu leisten. Stets sollten sich die Gläubigen bewufst sein, dafs sie dadurch nur einen rein bürgerlichen Akt vollzögen, dem eheschliefsende Bedeutung nicht zukomme. Ihre Pflicht, eine kirchlich gültige Ehe zu schliefsen, bleibe dadurch unberührt.

Diese Auffassung ist heute noch die herrschende in der Kirche. Sie kann gar nicht anders sein. Denn sobald der Katholik vor die Wahl gestellt ist, entweder eine religiöse Trauung vor einem akatholischen Religionsdiener vorzunehmen oder aber eine rein bürgerliche Handlung zu vollziehen, mufs er das letztere wählen.[3] Die fakultative Civilehe wird dann für ihn zur

---

[1] Abgedruckt im Bullarium Benedicti XIV. III (Supplement) p. 583 fg. Ferner in „De synod. dioeces." lib. VI, cap. 6 und in Verings Archiv XXXV, 439 fg.

[2] Sciant itaque catholici vestrae curae concrediti, cum civili magistratu aut haeretico ministello matrimonii celebrandi causa se sistunt actum se mere civilem exercere, quo suum erga leges et instituta principum obsequium ostendunt: caeterum tunc quidem nullum a se contrahi matrimonium. Sciant nisi coram ministro catholico et duobus testibus nuptias celebraverint nunquam se, neque coram Deo neque coram ecclesia veros et legitimos conjuges fore."

[3] Benedikt XIV. teilt in „De synod. dioeces." eine Entscheidung der Cong. Conc. vom 27. November 1672 mit, welche auf die Frage, ob die Katholiken ad evitanda graviora damna ihre Erklärung vor dem minister haereticus wiederholen dürften, sagt: „Quatenus minister assistat matrimoniis catholicorum uti minister

obligatorischen. Es würde nämlich einer Billigung des akatholischen Kultus gleichkommen, wenn der Gläubige der Einen und einzigen Kirche eine von diesem Kultus vorgeschriebene Förmlichkeit vornehmen wollte. Bei der bürgerlichen Eheschliefsungsform ist diese Gefahr ausgeschlossen. Aber auch dann liegt sie nicht vor, wenn der akatholische Religionsdiener nur als bürgerlicher Beamter der Eheschliefsung beiwohnt.

Die Auffassung, dafs die Civilehe, in welcher Form sie auch immer auftrete, ein rein bürgerlicher Akt sei, den man gegebenen Falls vollziehen müsse, dem aber nie und nimmer eheschliefsende Bedeutung zukomme — diese Auffassung zieht weitgehende Folgen nach sich. Die vom Staate anerkannte Ehe besteht in den Augen der Kirche nicht. Die Ehegatten dürfen sich deshalb nicht als ehelich Verbundene ansehen, sondern müssen den erfolgten Abschlufs der Ehe vor dem Staatsbeamten einem in seinen rechtlichen Wirkungen nicht bestehenden gleichhalten. Sie dürfen sich deshalb als Eheleute nicht betrachten und müssen danach streben, die kirchliche Eheschliefsung vor der staatlichen vorzunehmen,[1] oder

---

politicus non peccare contrahentes. Si vero assistat ut minister addictus sacris, non licere et tunc contrahentes peccare mortaliter et esse monendos."

Derselbe Papst bestimmt pro incolis regni Serviae et finitimarum regionum d. d. 2. Februar 1744 (Bullarium Bened. I, 302 seq.): § 10. Matrimonia autem a fidelibus rite contracta eisdem minime permittimus, ne quidem ob causam uxorum a Turcarum raptu servandarum, idem coram Caddi per procuratores Turcico ritu renovare; nisi tamen Mahumetanus nuptiarum ritus sit mere civilis et nullam mahumetis invocationem aut aliud quodcumque superstitionis genus includat."

[1] Benedikt XIV. in Brev. cit. „Illud praeterea vobis curandum est, ne etiam si duo catholici civilem illam ac mere politicam coram haereticis caeremoniam peregerint, nimirum inter

aber, wenn diese letztere vorgehen soll, dann die wahre Eheschliefsung alsbald nachzuholen.[1] Die Bahnen, welche Benedikt XIV. vorgezeichnet hat, sind seither von der kirchlichen Praxis oft wieder beschritten worden. Die Frage nach dem Verhalten der Katholiken zur obligatorischen Civilehe wurde von Pius VI. in dem soeben angedeuteten Sinne entschieden.[2] Die Gläubigen können der vom französischen Nationalkonvent aufgestellten Vorschrift über die bürgerliche Eingehung der Ehe nachkommen, um die übeln Folgen zu vermeiden, welche das Bestehen einer staatlich nicht anerkannten Ehe nach sich zieht. Stets aber müssen die Katholiken sich vor Augen halten, dafs sie blofs einen vorgeschriebenen „actum mere civilem" vorgenommen haben.

---

se familiariter agant aut sub eodem tecto in communi habitent nisi se prius veris et legitimis nuptiis ex norma Tridentini alligaverint; quamquam enim ea familiaritas esse possit sine flagitio, flagitii certe periculo et suspicione non vacat: utrumque autem probis et bene moratis Christifidelibus cavendum est. Ad ejusmodi porro evitanda pericula, cognoscimus consultius utique fore ut catholici nonnisi matrimonio jam antea in facie ecclesiae inter se legitime celebrato, ad illam explendam civilem caeremoniam saecularem magistratum seu haereticum ministellum adirent." Vgl. auch „De synod. dioeces." lib. VI, cap. 7.

[1]) Loco citat.: „id saltem pro viribus satagite, ut, postquam reipublicae morem illi gesserunt, non diu differant ecclesiae legibus parere, et conjugale foedus juxta praescriptam a Tridentino normam rite et sancte inire."

[2]) So in der Epistola Pii VI. ad Episcopum Lucionensem 28. Mai 1793 (Collectio Brevium atque instructionum Pii VI. tom. II, 168 seq.) „Perlatae sunt"‌:
„Nihil tamen impedimento esse, quominus fideles, ut civilibus potiantur effectibus, praescriptam a Nationali Conventu declarationem faciant, illud semper prae oculis habentes nullum ab ipsis tunc contrahi matrimonium, sed actum mere civilem exerceri."

Dem französischen Konkordat von 1801[1] hat Napoléon die sogenannten organischen Artikel beigefügt, welche über das Verhältniss von katholischer Ehe und Civilehe einschneidende Bestimmungen enthalten. Nach Art. 54[2] nämlich soll des Priesters Thätigkeit bei der Eheschliefsung nur in der Einsegnung der Civilehe bestehen. Dadurch wäre der vor dem Staatsbeamten abgeschlossenen Ehe auch für das kirchliche Gebiet Gültigkeit zugeschrieben. Denn es ist in der angeführten Bestimmung nur von einer Einsegnung, nicht aber von einer Eheschliefsung vor dem Priester die Rede. Allein von der Kurie wird die Verbindlichkeit der organischen Artikel bestritten.[3] Insbesondere die Bestimmungen über die Eheschliefsung werden als unverbindlich zurückgewiesen.[4] Es ist klar, dafs, würden dieselben kirchlicherseits zugegeben, eine Anerkennung der Civilehe vorliegen würde, die mit der ganzen Anschauung und Praxis der kirchlichen Lehrgewalten in direktem Widerspruch stehen müfste.

Für das Verhalten der Katholiken zur obligatorischen Civilehe ist heute in erster Linie mafsgebend eine In-

---

[1]) Abgedruckt bei Münch, Vollständige Sammlung aller Konkordate (Leipzig 1831) II, S. 19.

[2]) Art. 54. „Ils (sc. les curés) ne donneront la benediction nuptiale qu'à ceux qui justifieront, en bonne et due forme avoir contracté mariage devant l'officier civil."

[3]) Die organ. Artikel sind nicht abgedruckt in der Sammlung der Konkordate von

Nussi, Conventiones de rebus ecclesiasticis inter S. Sedem et civilem potestatem. (Mogunt. 1870.)

de Luise, De jure publico seu diplomatico ecclesiae cathol. (Neap. et Paris 1877).

[4]) Wetzer und Welte, kathol. Kirchenlexikon, Artikel: „organische Artikel." Vgl. dagegen Friedberg, Geschichte der Eheschliefsung S. 568 und die dort mitgeteilten Schriftstücke.

struktion der Poenitentiarie vom 15. Januar 1866.[1] Einen neuen Grundsatz stellt dieselbe nicht auf. Sie wendet lediglich das schon von Benedikt XIV. in betreff der fakultativen Civilehe Gesagte an auf die obligatorische Civilehe. Eine christliche Ehe kann auch heute noch an Orten, an denen das trid. Eherecht gilt, geschlossen werden nur vor dem zuständigen Pfarrer und 2 Zeugen. Weil nun aber der Staat ein vom kirchlichen abweichendes eigenes Eheschliefsungsrecht geschaffen hat und an die Nichtbeobachtung dieses letzteren Nachteile sich knüpfen, so soll der Gläubige dem staatlichen Gesetz Genüge thun.[2] Nicht weil es ein Staatsgesetz ist, sondern lediglich um Strafen und Nachteile von sich und den Kindern abzuhalten. Damit nun aber möglich sei, einerseits dem Gesetze des Staates nachzuleben, andrerseits dem allein gültigen Kirchengesetz den Gehorsam zu leisten, sollen die Gläubigen die Eingehung der Civilehe als leere Förmlichkeit betrachten und nicht wähnen, durch den Abschlufs vor dem Staatsbeamten sei nun eine wahre Ehe zu Stande gekommen.

Die wahre Ehe kann erst geschlossen werden durch die Willenserklärung vor Pfarrer und Zeugen. Es sollte

---

[1] „Instructio S. Poenitentiariae Apostolicae circa contractum quem matrimonium civile appellant." Abgedruckt in Verings Archiv XVI, S. 473 fg.

Die Instruktion wurde erlassen bei Anlafs der Einführung der obligator. Civilehe in Italien.

[2] „attamen ad vexationes poenasque evitendas et ob prolis bonum, quae alioquin a laica potestate ut legitima nequaquam haberetur, tum etiam ad polygamiae periculum advertendum, opportunum et expediens videtur, ut iidem fideles postquam matrimonium legitime contraxerint coram ecclesia, se sistunt actum lege decretum executuri, ea tamen intentione sistendo se gubernii officiali nil aliud faciant, quam ut civilem caeremoniam exequantur."

deshalb im allgemeinen die Eheschliefsung der leeren bürgerlichen Förmlichkeit vorangehen. Weil nun aber dies nicht geschehen kann, infolge der angedrohten Strafen des Staates, mufs im gegebenen Fall die Civiltrauung der kirchlichen vorgehen.[1] Dann aber sollen sich die bürgerlich Verbundenen keineswegs als Ehegatten betrachten und demgemäfs nur soweit als verbunden ansehen, als es durch die (kirchliche) Verlobung geschehen ist. Dem Pfarrer aber kommt seit Einführung der Civilehe die Pflicht zu, genau darauf zu achten, dafs die Gläubigen nicht mit der Civilehe sich begnügen und dadurch in die Strafen der im Konkubinate Lebenden verfallen.[2] Die Brautleute ihrerseits sollen dafür sorgen, dafs das kirchliche Aufgebot ihrer Ehe zeitig bewirkt werde und nicht die leere Förmlichkeit (Civilehe) vor sich gehe, bevor sie die Gewifsheit haben, dafs unmittelbar darauf die allein gültige Eheschliefsung folgen kann.

In zahlreichen Erlassen haben die betreffenden Kirchenobern die Pflichten der Katholiken gegenüber der Einführung der Civilehe ihren Gläubigen ans Herz gelegt.[3] Und auch der regierende Papst Leo XIII.

---

[1] „Et si qua coactio, aut absoluta necessitas, quae facile admittenda non est ejusmodi ordinis invertendi causa esset, tunc omni diligentia utendum erit, ut matrimonium coram ecclesia quamprimum contrahatur, atque interim contrahentes sejuncti consistant."

[2] Die Namen im Taufbuch der aus einer solchen Verbindung entsprossenen Kinder werden mit einem auf den bestehenden Konkubinat der Eltern hindeutenden Zusatz versehen.

[3] So namentlich in der Instruktion der preufsischen Bischöfe an die Gläubigen d. d. Fulda im Juni 1874 (in Verings Archiv XXXIII, S. 191). Ferner in der oberhirtl. Instruktion für den Klerus des Bistums Regensburg vom 7. Dezember 1875 (a. a. O. XXXV, S. 311), in derjenigen für München vom 26. November 1875 (a. a. O. XXXV,

hat ausdrücklich die Vorschriften seiner Vorgänger bestätigt und beigefügt, daſs man den Zeitumständen Rechnung tragen müsse, so weit es das Recht der Kirche zulasse, welches fest und unwandelbar geblieben trotz der Einführung der Civilehe.

Daſs die Gesetzgebungen über die obligatorische Civilehe von der Kirche stets aufs heftigste bekämpft

---

S. 147). Weiter Erlaſs des Bischofs von Rottenburg vom 12. November 1875 (a. a. O. XXXV, 298); Erlaſs des Seelsorgklerus von Berlin vom 3. Oktober 1874 (Roskovany l. c. III, 187). Die Sätze der Poenitentiarie teilt mit Hergenröther, Die Civilehe S. 46 und 47 (in den Zeitgemäſsen Broschüren von Hülskamp, Münster 1879). Ferner Weber, Katechismus S. 70 u. 71; Heiner a. a. O. S. 32.

Für die Schweiz kommt namentlich in Betracht die Schrift von Winkler, Die kathol. Ehe unter der neuen Bundesgesetzgebung nach der bischöfl. Basler Instruktion vom 16. Dezember 1875 (Luzern 1876).

Der damalige Bischof von Basel, Eug. Lachat, welcher allein noch von Luzern und Zug anerkannt war, erlieſs an den bischöfl. Kommissar Dr. Josef Winkler eine „Brevis instructio pastoralis de rebus matrimonialibus", auf Grund welcher Winkler seine Schrift ausarbeitete.

Ferner ist zu vergleichen: „Kurze Belehrung über die Eheschlieſsung und Ehescheidung unter kathol. Christen" mit bischöfl. Bewilligung und Empfehlung (2. Aufl. St. Gallen 1879) namentlich Abschnitt III über die Civilehe S. 17—27.

Für Italien kommt in Betracht die Epistola Eppi Calvensis et Teanensis d. d. 1865 (bei Roskovany l. c. III, 377), ferner die Beschlüsse der Diöcesansynode von Neapel (4.—7. Juni 1882) in Verings Archiv L, 381.

Besonders ist von Bedeutung, was Papst Leo XIII. in der Encycl. „Arcanum" ausspricht: „Haec quidem omnia probe cognita habere maxime sponsorum refert . . . ut sibi liceat hac in re morem legibus gerere, ipsa non abnuente ecclesia, quae vult atque optat ut in omnes partes salva sint matrimonii effecta, et ne quid liberis detrimenti afferatur."

worden sind und bekämpft werden, kann nicht in Abrede gestellt werden. Die vorliegende Arbeit versuchte es, zu zeigen, von welchen grundsätzlichen Erwägungen geleitet die Kirche in diesen Kampf trat. Dafs die Praxis der Kurie, da sie das verhafste Gesetz nicht beseitigen kann, doch dessen Wirkungen zu vereiteln sucht, wurde darzustellen unternommen. Am schlagendsten beweist wohl die Abneigung der Kirche einerseits und ihr Streben, das Civilehegesetz in seinen Wirkungen zu vernichten andrerseits, eine Instruktion der Congregatio de propaganda fide vom 9. Mai 1877.[1] Danach soll die begründete Furcht, es möchte die Nichtgewährung eines erbetenen Dispenses von einem Ehehindernisse der Grund sein, dafs die Bittenden mit der blofsen Civilehe sich begnügen, hinreichen, um den erbetenen Dispens zu bewilligen.

Bei der Betrachtung der von der Kurialpraxis gewährten Milderungen des gemeinen Rechts darf man eben nie vergessen, dafs wir es nur mit Notbehelfen zu thun haben. Die Erörterung der Verhältnisse der römischen Kirche hat stets davon auszugehen, dafs nach katholischem Dogma es nur Eine Kirche gibt, die römisch-katholische Kirche. Wo sich diese frei entfalten kann, wird sie es thun. Allein die Bestrebungen der Kirche finden eine Schranke an den Grenzpfählen, welche der moderne Staat ihr gesteckt hat. Beide Gewalten nehmen das Recht für sich in Anspruch, ihre Grenzen selbständig zu bestimmen. Aber nicht ohne Kampf kann

---

[1] Instructio Congr. de propaganda fide d. d. 9. Mai 1877. (Acta S. Sedis X, 291 fg.). No. 13. „Periculum matrimonii civilis. Ex dictis consequitur, probabile periculum quod illi, qui dispensationem petunt, ea non obtenta, matrimonium dumtaxat civile, ut ajunt, celebraturi sint, esse legitimam dispensandi causam."

dies geschehen. Auf dem Gebiete des Eherechtes ist, wie auf allen übrigen, derselbe nicht beendet. Da jedoch nur der Staat die Macht hat, seine Angehörigen und deren Rechts-Verhältnisse zu schützen, so muſs diesen Erwägungen die Kirche Rechnung tragen. Wir haben gesehen, auf welche Weise sie mit den gegebenen Verhältnissen sich abzufinden weiſs. Nicht darf dabei auſser Acht gelassen werden, daſs die gewährten Milderungen keineswegs Änderungen des gemeinen Rechtes bedeuten. Die Sätze dieses letztern werden da mit unerbittlicher Strenge durchgeführt, wo der Kirche aus einem solchen Verfahren kein Schaden droht. Niemals darf man eben vergessen, daſs nach der Lehre der Kirche dem Papste das alleinige und ausschlieſsliche Recht zusteht, auch gegenüber den Bestrebungen des modernen Staates zu entscheiden, was des Kaisers und was Gottes ist.